El apostolado

preguntas y controversias

Una antología
por autores pentecostales

SLC
SERVICIO DE
LITERATURA CRISTIANA

El apostolado:
preguntas y controversias

Coordinador de proyecto:

Bruce Braithwaite, D.Min.

Autores colaboradores:

James D. Hernando, PhD.

Roger Stronstad, D.D.

Jaime Mazurek, PhD. (candidato)

Reverendo Jairo Vásquez

Coordinación editorial y diagramado:

Kerstin Anderas-Lundquist

SLC
SERVICIO DE
LITERATURA CRISTIANA

Apartado 0818-00792
Ciudad de Panamá, PANAMÁ

ISBN: 9781633680319
Cubierta rústica 978-1-63368-026-5 | Digital (PDF) 978-1-63368-027-2

Índice

1

Imitatio Christi y el carácter
del ministerio apostólico

por James D. Hernando

En septiembre de 2004, el Seminario Teológico de las Asambleas de Dios reunió a un impresionante trío de eruditos pentecostales para conducir un simposio acerca de "El ministerio apostólico en la tradición pentecostal carismática". Uno se sentiría presionado al presentarse ante tres eruditos pentecostales más distinguidos y calificados para referirse a esta cuestión que Vinson Synan, William Menzies y Gary McGee. Sin embargo, inmediatamente es claro que los tres eruditos son historiadores. Aunque el hecho ciertamente no disminuye su pericia para referirse a la naturaleza y praxis del ministerio apostólico, de alguna forma sí restringe su enfoque.

Synan se refirió a la "práctica apostólica" y analizó el ministerio apostólico a través de la historia de la iglesia hasta el movimiento de restauración del siglo 19 en Gran Bretaña y más allá en el avivamiento pentecostal moderno al principio del siglo 20. Al hacerlo, Synan proveyó de una útil comparación del ministerio apostólico de antes y de hoy, resaltando las diferencias de la "Nueva Reforma Apostólica".

El documento de William Menzies se tituló "Apostólico en doctrina". En él, Menzies analizó los textos tradicionales de Hechos para revelar las características de la primera iglesia de Jerusalén con un punto de vista respecto a la forma en la que operó en la iglesia la autoridad apostólica. Por otra parte, analizó lo que podrían denominarse las clases de apóstoles en la Iglesia Primitiva, los cuales no funcionaban con el mismo alcance o nivel de autoridad. Este enormemente útil trasfondo sirvió como contraste para examinar el Movimiento de Restauración Apostólica y la forma como sus proponentes entienden y conducen su ministerio en "autoridad apostólica".

Gary McGee expuso un trabajo acerca del "Dilema sobre la Naturaleza Apostólica de las Misiones en las misiones modernas". Con claridad demostró que las misiones cristianas en el periodo moderno consideraron su ministerio como "apostólico" en continuidad con los apóstoles del Nuevo Testamento y tuvieron una cantidad abundante de testimonios de milagros, señales y maravillas para corroborar sus afirmaciones.

La denominada "Reforma Apostólica" engendrada por las Asambleas de Dios en Australia ha presentado desafíos eclesiásticos no solo para la denominación pentecostal más grande del mundo, sino para toda la iglesia carismática y pentecostal, cuyos miembros se ven a sí mismos como parte de la continuidad histórica y espiritual de la iglesia del Nuevo Testamento, en términos del ministerio provisto de dones carismáticos. Esto hizo que inmediatamente surgieran algunas preguntas antiguas y conocidas con las que los pentecostales han luchado antes. Entre las principales están tres que parecen encapsular la controversia y continuar el debate:

(1) ¿Existen apóstoles en la iglesia de hoy? (2) De ser así, ¿cuál es la relación entre estos apóstoles y la iglesia institucional? (3) ¿Cómo podemos reconocer el ministerio apostólico auténtico?

El propósito de este capítulo es referirme a esta última cuestión a través de un análisis exegético de los pasajes pertinentes en los escritos paulinos. Las epístolas de Pablo se escribieron como respuesta a situaciones específicas de la vida que se habían desarrollado en las iglesias. Hasta una lectura casual de los Hechos indica que la carrera misionera de Pablo estuvo marcada por el conflicto. No es de sorprender, pues, que esos conflictos estén reflejados en sus epístolas.

Muchas de las situaciones problemáticas resultaron de la obra de individuos que intentaron socavar (o tergiversar) las enseñanzas de Pablo u oponerse a su apostolado. En consecuencia, al responder a estos desafíos y defender la legitimidad de su apostolado, Pablo nos ofrece una perspectiva de lo que define a un verdadero apóstol y la forma en la que podemos reconocer a uno cuando lo veamos.

Al defender su propio apostolado en contra de los desafíos y acusaciones de sus oponentes, él revela criterios por medio de los cuales podríamos hoy día juzgar a quienes afirman ser los sucesores modernos de los primeros apóstoles. Hasta donde yo sé, ninguno de los defensores de la restauración del oficio apostólico afirma tener igualdad con los Doce o con el apóstol Pablo.

Hay un amplio reconocimiento y aceptación de la distinción entre esos primeros apóstoles que fueron fundamentales para la iglesia (Efesios 2:20; 3:5), actuaron como los transmisores autorizados de las enseñanzas de Jesús (Mateo 10:1-7; Hechos 1:2-8) y cuyos escritos serían posteriormente incorporados al Nuevo Testamento. Sin embargo, al describir las características que definen el ministerio apostólico, los defensores de la restauración del oficio apostólico a menudo trazan sus analogías con este selecto grupo.

El problema de la naturaleza y alcance del ministerio apostólico del primer siglo ciertamente es relevante para la cuestión de los apóstoles contemporáneos, pero debe esperar un tratamiento aparte. Ante nosotros se presenta una cuestión más elemental: ¿Cuáles son las marcas de un apóstol del Nuevo Testamento? nuevamente, el apóstol Pablo tiene mucho que contribuir para lograr una respuesta definitiva. Mi opinión es que, por sobre todas las otras descripciones y definiciones funcionales, Pablo se refirió a la *imitatio Christi*, esto es, la imitación de Cristo, como la marca más distintiva de un apóstol del Nuevo Testamento.

En otra instancia argumenté que la *imitatio Christi* es central en la comprensión de Pablo sobre el discipulado. Los creyentes en Cristo del Nuevo Testamento son llamados a tomar su cruz y seguirle (Marcos 8:34) y a convertirse en sus discípulos al poner sobre ellos su yugo y aprender de él (Mateo 11:29). Es un llamado a permanecer en él y andar "igual que él anduvo" (1 Juan 2:6, RVR-1960). Es precisamente porque Pablo estaba seguro de su propio discipulado con Cristo que pudo escribir: "Imítenme a mí, como yo imito a Cristo" (1 Corintios 11:1).

Arribé a mis conclusiones luego de examinar exegéticamente los pasajes que contienen lo que denomino "lenguaje explícito de imitación" en los escritos de Pablo. Sin embargo, luego de un análisis más profundo de los contextos literarios más amplios de estos pasajes, fue evidente que este tema de la *imitatio Christi* también se relaciona con la comprensión fundamental de Pablo respecto a lo que significa ser un apóstol de Cristo. Por otra parte, es tanto integral como indispensable cuando Pablo sostuvo o defendió la legitimidad de su apostolado. Lo que aparece a continuación es un intento de explorar este tema en epístolas selectas en donde una preocupación vital es la defensa de su apostolado.

Imitatio Christi: El llamado apostólico y la consciencia propia

La comprensión que Pablo tenía respecto a sí mismo como apóstol estaba relacionada de forma intrincada a su dramática conversión en el camino a Damasco. Un par de veces en el libro de los Hechos, ante una audiencia con los ancianos judíos (Hechos 22) y con el rey judío Herodes Agripa (Hechos 26), él relató la historia de su conversión (Hechos 9). Aunque no son idénticos, ambos relatos contienen elementos en común: (1) La persecución que Pablo llevó a cabo en contra de los cristianos, (2) su encuentro con el Cristo resucitado, quien revela su identidad a Pablo, (3) su comisión para predicar el evangelio a los gentiles y (4) su rechazo y persecución por parte del pueblo judío. Este último elemento es el más significativo para nuestro análisis, debido a que constituye la conclusión de ambos relatos (22:22-24; 26:21).

Es fascinante que el resultado del llamado de Pablo y su misión redentora mantiene una curiosa semejanza a los del Señor, quien "Vino a lo que era suyo, pero los suyos *(hoi idioz)* no lo recibieron" Juan 1:11). ¿Pablo fue consciente de su llamado para imitar a Cristo al llevar a cabo su misión apostólica? Ciertamente la exhortación previamente citada de 1 Corintios 11:1, aunque de manera explícita no lo establece en tal grado, sí sugiere una respuesta afirmativa. Hay mayor soporte de esto en un recuento de su llamado apostólico, al cual Pablo percibió como algo no carente de la providencia y predestinación divinas.

Él escribió lo siguiente: "Pero cuando agradó a Dios, que me apartó desde el vientre de mi madre, y me llamó por su gracia, revelar a su Hijo en mí, para que yo le predicase entre los gentiles" (Gálatas 1:15,16; RVR-1960). Nótese la elección de las palabras de Pablo. Dice que la revelación del hijo de Dios es en *emoi*, esto es, "en Pablo". Su lenguaje sugiere la *imitation Christi*. Pablo no es simplemente el agente utilizado para revelar al Hijo de Dios, sino el medio de la revelación misma.

Está fuera de debate que la consciencia propia de Pablo estaba vinculada a su llamado para ser apóstol de Jesucristo. Esto puede quedar establecido por las muchas veces en las que él lo afirmó en ese grado. Sin embargo, su apostolado estuvo definido por su consciencia de que él fue llamado a ser siervo, un papel que caracterizó al Señor. Él sirvió a Dios con todo su corazón al predicar el evangelio (Romanos 1:9), se glorió en Cristo Jesús en su servicio para Dios (Romanos 15:17) y agradeció al Dios a quien sirvió (2 Timoteo 1:3). Por supuesto, Pablo fue consciente de que, junto con todos los creyentes, él era un siervo de Cristo, el Señor (Colosenses 3:24).

Es así que escribió a Timoteo: "Doy gracias al que me fortalece, Cristo Jesús nuestro Señor, pues me consideró digno de confianza al ponerme a su servicio" (1 Timoteo 1:12). En su papel de apóstol, fue perspicazmente consciente de que su llamado por parte del Señor fue para ser un siervo para la iglesia. Él dijo a los corintios que él y sus colaboradores misioneros predicaban a Jesucristo el Señor como "servidores de ustedes por causa de Jesús" (2 Corintios 4:5; compárese con 11:8). A los romanos les escribió que se dirigía a Jerusalén "para llevar ayuda (servicio) a los hermanos" (Romanos 15:25).

Sin embargo, fue la *manera* en la que desarrolló su condición de siervo la que mantiene una sorprendente semejanza con Cristo. En Filipenses 2:17, leemos lo siguiente: "Y aunque mi vida fuera derramada sobre el sacrificio y servicio que proceden de su fe, me alegro y comparto con todos ustedes mi alegría". Posteriormente, Pablo utilizó el mismo lenguaje para hablar acerca de su inminente muerte: "Yo, por mi parte, ya estoy a punto de ser ofrecido como un sacrificio, y el tiempo de mi partida ha llegado" (2 Timoteo 4:6). Sin duda,

Pablo tuvo una percepción de su vida y de su servicio a Dios como un acto de adoración. Al igual que la libación que acompañaba a toda la ofrenda de holocausto, se trataba de un sacrificio voluntario, ofrecido gratuitamente como devoción y agradecimiento a Dios. Por otro lado, Pablo consideró su propia vida como un sacrifico ofrecido a favor del avance espiritual de otros. Es difícil no encontrar un paralelo con el Señor, quien "no vino para ser servido, sino para servir, y para dar su vida en rescate por muchos" (Marcos 10:45).

Imitatio Christi y el reconocimiento divino

"Ustedes conocen este mensaje ... Me refiero a Jesús de Nazaret: cómo lo ungió Dios con el Espíritu Santo y con poder, y cómo anduvo haciendo el bien y sanando a todos los que estaban oprimidos por el diablo, porque Dios estaba con él" (Hechos 10:37,38).

Las palabras de Pedro a Cornelio y a los de su casa son una afirmación de la verdadera identidad de Jesús como el Mesías. Dios confirmó y reconoció esta identidad al ungirle con el Espíritu Santo y poder para hacer el bien y llevar a cabo obras sobrenaturales de liberación. En su evangelio, Lucas afirmó con claridad que esta unción del Espíritu Santo sirvió, en última instancia, para reconocer a Jesús como el Mesías. Al descenso del Espíritu Santo sobre Jesús en su bautismo le siguió la voz del Padre desde el cielo: "Tú eres mi Hijo amado; estoy muy complacido contigo" (3:22). Es solo hasta después de esta unción que Jesús inició su ministerio público mesiánico (3:23).

La presencia y poder del Espíritu fue evidente de inmediato en el ministerio de Jesús. Regresó del Jordán lleno del Espíritu Santo y fue dirigido por el Espíritu al desierto para ser tentado o probado por el Diablo (4:1-2). Luego de resistir con éxito cada tentación del Diablo, regresó a Galilea "en el poder del Espíritu" (4:14). Le invitaron a enseñar en la sinagoga de Nazaret. Luego de proporcionársele el rollo de Isaías, Jesús leyó una porción del capítulo 61 (vv. 1 y 2a) que está entre los pasajes del siervo mesiánico en Isaías. El Mesías es ungido por el Espíritu del Señor no solo para proclamar el día de libertad y liberación, sino para llevarlo a cabo.

También está fuera de debate lo decisivo del Espíritu Santo en la eficacia del ministerio apostólico de Pablo. Es de igual manera irrebatible que Pablo comprendió que su propio ministerio apostólico había sido dotado de poder por el Espíritu Santo. Lo que requiere respuesta es si él percibió esa habilitación pneumática como la confirmación divina de su apostolado o si la consideró un aspecto de la *imitatio Christi,* ya sea de forma complementaria o alternativa una respecto a la otra. Ciertos pasajes en los escritos de Pablo sugieren que así fue. Por ejemplo, al igual que con Jesús el evangelio que predicó Pablo no consistió simplemente de palabras, sino que fue asistido por el poder de Dios para efectuar la salvación que el evangelio declaraba.

Pablo escribió a los romanos: "mediante poderosas *señales y milagros) por el poder del Espíritu de Dios.* Así que, habiendo comenzado en Jerusalén, he completado la proclamación del evangelio de Cristo por todas partes, hasta la región de Iliria" (15:19, énfasis mío). Es evidente, a partir de los versículos 15 al 18 que Pablo estaba refiriéndose a su apostolado.

La "gracia que Dios [le] dio" (v. 15) se refiere a su llamado apostólico para ser un "ministro de Cristo" y para predicar el evangelio a los gentiles (vv. 16,18). Y Pablo, nuevamente, les recuerda a los tesalonicenses la forma en la que él mismo y sus colaboradores predicaron por primera vez el evangelio: "Porque nuestro evangelio les llegó no sólo con palabras sino también con poder, es decir, con el Espíritu Santo y con profunda convicción. Como bien saben, estuvimos entre ustedes buscando su bien" (1 Tesalonicenses 1:5).

Aún más instructiva es su referencia a la habilitación del Espíritu al ser confrontado por quienes desafiaron su apostolado y, por extensión, al mismísimo evangelio que predicó. Los siguientes pasajes ilustran que, a pesar de las críticas de sus oponentes, Pablo consideró esa habilitación como algo que demostraba su llamado apostólico. Por ejemplo, en contraste con aquellos en Corinto que criticaron su falta de elocuencia retórica, Pablo escribió:

> *Yo mismo, hermanos, cuando fui a anunciarles el testimonio de Dios, no lo hice con gran elocuencia y sabiduría. Me propuse más bien, estando entre ustedes, no saber de cosa alguna, excepto de Jesucristo, y de éste crucificado. Es más, me presenté ante ustedes con tanta debilidad que temblaba de miedo. No les hablé ni les prediqué con palabras sabias y elocuentes sino con demostración del poder del Espíritu.*
> 1 Corintios 2:1-4

Aparentemente, Pablo les escribió antes (5:9), extendiéndoles instrucciones y advertencias de acción disciplinarias que podrían sobrevenirles en caso de que sus instrucciones fuesen desatendidas. A la vista del retraso en la visita de Pablo, "algunos" adoptaron una actitud de desafío y orgullo o, al menos, no tuvieron el deseo de responderle. Ante esta situación, Pablo les reprendió:

> *Ahora bien, algunos de ustedes se han vuelto presuntuosos, pensando que no iré a verlos. Lo cierto es que, si Dios quiere, iré a visitarlos muy pronto, y ya veremos no sólo cómo hablan sino cuánto poder tienen esos presumidos. Porque el reino de Dios no es cuestión de palabras sino de poder. ¿Qué prefieren? ¿Que vaya a verlos con un látigo, o con amor y espíritu apacible?* 1 Corintios 4:18-21

En una epístola que revela la defensa más rigurosa de su apostolado, Pablo se dirige a sus oponentes de manera directa en 2 Corintios 10–13. La identidad y composición de los oponentes de Pablo en esta epístola, al igual que la naturaleza de sus censurables enseñanzas, es un fascinante estudio en sí mismo. Sin embargo, lo que debemos observar es que el error de ellos es grave y menoscaba la mismísima integridad del Evangelio. Pablo los considera "falsos apóstoles" (11:13) que predican a otro *(heteros)* Jesús, otro evangelio y otro Espíritu o espíritu (11:4). Para el asombro de Pablo, los oponentes les ofrecieron a los corintios un falso cristianismo y, para su total consternación, los corintios estaban dispuestos a aceptarlo. Con toda seguridad, las mentes de los corintios serían seducidas y desviadas "de un compromiso puro y sincero con Cristo" (11:3).

Esto explica el por qué Pablo defendió con tanto vigor su apostolado en esta epístola. Sus oponentes habían asociado de forma inextricable el evangelio de Pablo con su apostolado. Si eran capaces de menoscabar la legitimidad de este último, entonces podrían suplantar su versión del evangelio por la de ellos. Normalmente, Pablo deploraba la jactancia humana; pero, al defender su apostolado, fue conducido a recurrir a ella, algo que se malinterpretó y calumnió (compárese con 11:16-19). Molesto hasta cierto grado, Pablo escribió en tono sarcástico a los corintios:

> Me he portado como un insensato, pero ustedes me han obligado a ello. Ustedes debían haberme elogiado, pues de ningún modo soy inferior a los súper apóstoles, aunque yo no soy nada. Las marcas distintivas de un apóstol, tales como señales, prodigios y milagros, se dieron constantemente entre ustedes. 2 Corintios 12:11,12

Al examinar el más amplio contexto literario de los pasajes anteriores, se puede notar que cada uno de ellos le sirve a Pablo en la defensa de su apostolado. Además, se invoca la obra milagrosa o sobrenatural de Dios como un testimonio que corrobora la legitimidad de su apostolado. De inmediato viene a la mente la conclusión a la que llegó Nicodemo durante su encuentro clandestino con Jesús: "Rabí –le dijo–, sabemos que eres un maestro que ha venido de parte de Dios, porque nadie podría hacer las señales que tú haces si Dios no estuviera con él" (Juan 3:2). Una vez más, el hecho de que Pablo apele a la obra milagrosa del Espíritu como un testimonio de Dios que corrobora y da validación divina a su apostolado, se ve bastante como una *imitatio Christi*.

Imitatio Christi y la Persona de Cristo

Muchos eruditos modernos sostienen que Pablo tuvo poco interés en el Jesús histórico. En lo que él estaba más interesado, dicen, es en el Cristo *kergmático* o el Cristo de la fe, esto es, lo que se proclamó acerca de Jesús por parte de la iglesia del tiempo posterior a la resurrección. Afirman tal cosa basados en una falsa dicotomía trazada entre la fe y la historia y la cuestionable suposición de que lo que queda registrado por una motivación teológica debe considerarse, *ipso facto*, como algo bajo sospecha histórica o como algo no confiable. Tal suposición se ha desafiado y se ha probado ampliamente que es dudosa e insostenible.

Respecto al interés de Pablo en el Jesús histórico, Seyoon Kim afirmó convincentemente que el Jesús histórico, sus enseñanzas y su ejemplo personal son fundamentales para su exhortación: "Imítenme a mí, como yo imito a Cristo" (1 Corintios 11:1). Su análisis exegético de 1 Corintios 8-10 demuestra que en el texto se encuentran incrustadas alusiones verbales y conceptuales de la denominada "tradición de Jesús", la que asume la historicidad de tal tradición, si es que la imitación que hace Pablo de Cristo tiene algún significado. Para nuestro estudio, necesitamos preguntarnos si Pablo entendió la práctica de imitar a Cristo como algo integral a su papel como apóstol de Cristo. Para comenzar, echaremos una mirada a un pasaje que se concentra en esta pregunta:

> *Hermanos, si alguien es sorprendido en pecado, ustedes que son espirituales deben restaurarlo con una actitud humilde. Pero cuídese cada uno, porque también puede ser tentado. Ayúdense unos a otros a llevar sus cargas, y así cumplirán la ley de Cristo.* Gálatas 6:1-2

Pablo dirige esta exhortación a quienes son *pneumatikoi,* o los "espirituales". En el capítulo anterior, él exhorta a los gálatas a "caminar en el Espíritu" para asegurarse una vida libre de la esclavitud de la carne (5:16) y de sus obras (5:17, 19-21). Haciendo uso él una *inclusio,* repite la exhortación al final del capítulo: "Si el Espíritu nos da vida, anclemos guiados por el Espíritu" (5:25). La exhortación de Pablo se dirige a las "personas del Espíritu" que aspirarían a caminar por el Espíritu.

Luego, describe la forma en la que eso se percibiría en una relación con un hermano que es descubierto en pecado. Obviamente, la restauración con un "espíritu de humildad" es a lo que se refería Pablo al escribir "ayúdense unos a otros a llevar sus cargas", pero añadió que "así *(houtos)"* ellos cumplirían "la ley de Cristo".

Pueden ser varias las interpretaciones de aquello a lo que se refiere con las palabras "la ley de Cristo". Solo se encuentra aquí y en 1 Corintios 9:21, en donde se representa una ley distinta de la legislación mosaica, aunque no "sin una ley de Dios". Algunos la identifican con la "ley suprema" de Santiago 2:8, la cual se refiere al mandamiento de "amar a tu prójimo como a ti mismo", haciendo eco de Levítico 19:18. Este último enfoque tiene soporte en Gálatas 5, donde

Pablo citó el mismo versículo luego de describir el espíritu de quienes están "en Cristo" como la "fe que actúa mediante el amor" (5:6), seguido por este mandamiento: "Sírvanse unos a otros con amor" (5:13).

Dada la expresión tan poco usual, ¿será posible que Pablo tuviera en mente algo más detallado que el mandato para amar (compárese con Juan 13:34), con todo y lo importante que esto es? David Dockery piensa lo siguiente:

Aparentemente, a lo que se refiere con la "Ley de Cristo" no es solo la enseñanza de Jesús como la personificación (incorporación) e interpretación verdadera de la voluntad de Dios (Romanos 12–14; 1 Corintios 7:10,11), sino a la persona del Jesús histórico también. La vida de Jesús sirvió como un retrato tangible y ejemplo del nuevo estándar divino que se sugiere con la frase "conforme al ejemplo de Cristo Jesús" (Romanos 15:5; compárese con Efesios 4:20-24; Colosenses 2:6-8) y las frecuentes expresiones de apelación al carácter de Jesús (Romanos 15:3,7,8; Filipenses 2:5-11; 1 Tesalonicenses 1:6).

Si el enfoque de Dockery es correcto, entonces el ejemplo que dejó Jesús fue importante para el apóstol. Hay total certidumbre respecto al hecho de que Pablo tenía algún conocimiento de las circunstancias históricas de Jesús. Por sus propias palabras, sabemos que conocía el carácter del amor de Cristo (Romanos 8:35; 2 Corintios 5:14; Efesios 3:19), en especial tal como fue revelado en el acto central de la redención. Él también conoció algo de la *mente* de Cristo [*noun:* 1 Corintios 2:16; compárese con Filipenses 2:5], sus sufrimientos [*pathemata:* 2 Corintios 1 :5], su naturaleza compasiva [*splagchnon:* Filipenses 1:8], y su firmeza o resolución [*hupomonen:* 2 Tesalonicenses 3:5].

¿Acaso Pablo apeló al carácter de la persona de Jesús en defensa de su apostolado? Existe al menos un ejemplo inequívoco en el que lo hizo. En 2 Corintios, Pablo detuvo varias acusaciones falsas e infundadas. En una, Pablo no se ostentó como un apóstol; esto es, era débil, le faltaba valor y el porte de autoridad de un verdadero apóstol. No era como aquellos oponentes y aspirantes a apóstol cuya tosca y aun abusiva autoridad describió (11:20). Sin duda ellos criticaron a Pablo por su falta de valor y coraje para ejercer la disciplina, aun cuando era necesaria.

Pablo no se opuso a estos cargos por medio de la negación de los mismos, sino al afirmar que su conducta entre ellos estaba moldeada de acuerdo a la *ternura y bondad de Cristo* (10:1). Es muy interesante que el término que se traduce como ternura [*prautes*] es la misma palabra que describe la forma de restauración ordenada por Pablo en Gálatas 6:1, y su palabra afín manso o apacible [*praus*] es utilizada por Jesús (Mateo 11:29) para describirse a sí mismo. Aunque la palabra está ausente del pasaje, la mansedumbre o ternura también describe la forma en la que Pablo trató a un hermano ofensor en Corintios, y cuya disciplina la iglesia estaba más que ansiosa de imponer

(2 Corintios 2:5-11).

En vez de regocijarse en la retribución personal, Pablo aconsejó el perdón, el consuelo y la reafirmación de su amor por el hermano. Tal preocupación respecto a que no fuese "consumido por la excesiva tristeza" fluye de un corazón de compasión tierna no distinto al de su Señor, de quien fue escrito lo siguiente: "No quebrará la caña rajada ni apagará la mecha que está por extinguirse, hasta que haga triunfar la justicia" (Mateo 12:20; compárese con Isaías 42:3).

Imitatio Christi: el sacrificio personal y la lealtad a la voluntad de Dios

Ahora nos concentraremos en el paralelo más significativo en la imitación de Cristo en la vida de Pablo. En el momento de su conversión apostólica, el molde del futuro de Pablo se forjó en la revelación profética a Ananías:

> *"¡Ve! –insistió el Señor–, porque ese hombre es mi instrumento esco-gido para dar a conocer mi nombre tanto a las naciones y a sus reyes como al pueblo de Israel. Yo le mostraré cuánto tendrá que padecer por mi nombre."* Hechos 9:15,16

El Libro de los Hechos y las epístolas de Pablo ofrecen un amplio testimonio del hecho de que Dios cumplió su promesa. Es extraño que Pablo no solo se sometió a su destino prescrito, sino que lo abrazó con todo su corazón. Debido al sendero que transitó su Salvador, Pablo comprendió que para transitar la *via gloriae* necesita recorrerse la *via crucis* (Filipenses 2:5-11). En consecuencia, su meta suprema y única fue conocer a Cristo en "el poder de su resurrección" y en "participar en sus sufrimientos y llegar a ser semejante a él en su muerte" (Filipenses 3:10). El pasaje que se examina a continuación subraya el alcance con el que Pablo comprendió esta verdad y cómo ésta definió su apostolado.

> *En conclusión, ya sea que coman o beban o hagan cualquier otra cosa, háganlo todo para la gloria de Dios. No hagan tropezar a nadie, ni a judíos, ni a gentiles ni a la iglesia de Dios. Hagan como yo, que procuro agradar a todos en todo. No busco mis propios intereses sino los de los demás, para que sean salvos. Imítenme a mí, como yo imito o Cristo. Los elogio porque se acuerdan de mí en todo y retienen las enseñanzas, tal como se las transmití.* 1 Corintios 10:31–11:1

En sus características lingüísticas, la exhortación anterior es idéntica a la de 1 Corintios 4:16: *mimetai mou ginesthe* ("imítenme"), excepto que Pablo aquí calificó el imperativo admonitorio con la frase *kathos kago Christou* ("como yo sigo el ejemplo de Cristo") el cual es modal y describe la manera en la que los corintios debían imitar a Pablo.

Estas palabras se pueden entender de tres maneras. En primer lugar, podría significar que en la medida que Pablo imitó a Cristo, los corintios debían seguir su ejemplo e imitar a Cristo. Sin embargo, esto difícilmente explica los genitivos paralelos [*mou ... Christou*] que marcan objetos de imitación separados y distintos. En segundo lugar, pueden entenderse en el sentido de que los corintios debían imitar a Pablo solo "hasta la extensión" o "grado" en el que Pablo imitó a Cristo. De esta forma, hay una restricción implícita en las palabras de su imitación de Pablo. Una tercera interpretación de esta frase, y más preferible, es que proporciona la legitimidad de su exhortación. Los corintios debían imitar a Pablo, precisamente *porque* él estaba ocupado en imitar a Cristo.

Esto parece lo más probable cuando analizamos la conducta a la que alude Pablo en los dos versículos previos. En 10:32-33, Pablo concluye una larga sección que se inicia en 8:1, en la cual discute en detalle acerca del uso apropiado de la libertad cristiana, en especial en lo relacionado a comer *eidololutha:* "cosas (comida) sacrificadas u ofrecidas a ídolos". Tal libertad debe ser utilizada con discernimiento de manera que no se hiera [*tupto,* v. 12] o se dañe [*moluno,* v. 7] la conciencia de un hermano más débil, causándole tropiezo (8:7-13). Después ilustra dos ejemplos de su propio uso de la libertad cristiana.

En primer lugar, renuncia a su derecho a ser apoyado en la obra del evangelio para no crear un estorbo al evangelio (9:1-18). En segundo lugar, hizo una adecuación cultural tanto para los judíos como para los gentiles en cuestiones que pertenecen a la Ley (9:19-27). Luego de advertirle a los corintios que no sigan los pasos del desobediente e idólatra Israel, hace una severa advertencia (10:14-22) en contra de participar en adoración idólatra (presuntamente en templos y santuarios paganos).

Es exactamente en este punto (10:23 y siguientes) que regresa al tema de la libertad cristiana y a la cuestión de ingerir comida sacrificada a los ídolos. Seyoon Kim analiza con profundidad las diferencias matizadas entre este pasaje y el anterior en el capítulo 8. El común denominador en ambos pasajes se refiere al ejercicio de la libertad cristiana. Sin embargo, el cristiano que sabe que la comida no acerca a nadie a Dios (8:8) y que ingerir esa comida es algo lícito (10:23) no es enteramente libre. Más bien está, es obligado por el amor (8:1-3) a utilizar su libertad considerando la consciencia del más débil (véase 8:7-12, compárese con 10:27 al 32), cuya fe y obediencia a Cristo pueden ser lesionadas por ejercer esa libertad.

Teniendo a la vista el contexto anterior, es fácil deducir que Pablo quiso que los corintios lo imitaran a él en la forma en la que ejercían su libertad cristiana. No debían ofender ni a los judíos, ni a los gentiles, ni a la iglesia de Dios (10:32). En vez de ello, siguiendo el ejemplo de Pablo, deberían buscar el bienestar espiritual de los demás por sobre su propio beneficio o placer personal (v. 33).

Esto no es distinto a la exhortación que dio a los filipenses para "considerar a los demás como superiores a sí mismos", y para no velar "solo por sus propios intereses sino también por los intereses de los demás" (2:3,4). Al observar esta conexión se explica el por qué Pablo añadió el calificativo: "Como yo imito a Cristo". Esta conducta de sacrificio personal a favor del interés de otros refleja la actitud de Cristo tal y como se observa en su condescendencia y humillación voluntarias en la Encarnación (Filipenses 2:5-8). En nuestro pasaje, entonces, cuando los corintios imitaron el ejercicio de Pablo de la libertad cristiana, estaban imitaban ni más ni menos que el amor sacrificado y desinteresado de Cristo, derramado por el bien de otros (compárese 2 Corintios 5:14,15).

El precio que Pablo pagó por su imitación a Cristo fue enorme. Los pasajes que utilizan el lenguaje relacionado con la imitación definen esa imitación principalmente en términos de seguir a Cristo en sus sufrimientos. Estos consistieron en pruebas de diversos tipos al ser obediente al llamado celestial. Elogió a los tesalonicenses por seguir sus pasos apostólicos en el camino del sufrimiento: "Ustedes se hicieron *imitadores nuestros y del Señor* cuando, a pesar de mucho sufrimiento, recibieron el mensaje con la alegría que infunde el Espíritu Santo. De esta manera se constituyeron en ejemplo para todos los creyentes de Macedonia y de Acaya" (1 Tesalonicenses 1:6,7).

En este pasaje, el lenguaje de Pablo relacionado con la imitación es una oración de acción de gracias y no una instrucción ética *(paraenesis)* (1:2-10). He aquí una afirmación descriptiva relacionada a la respuesta inicial de fe de los tesalonicenses al evangelio y los dramáticos efectos de esa respuesta. Por comparación, este pasaje contiene puntos tanto de similaridad como de separación de pasajes previos relacionados a la imitación. De manera similar, se es dice a los tesalonicenses que imiten a Pablo y a sus colaboradores apostólicos, incluidos en el adjetivo "nuestros".

Sin embargo, Pablo también añadió, "y del Señor", lo que de acuerdo al contexto se refiere a Cristo. Una diferencia notable es que esta es la primera vez que nos encontramos con una afirmación llana respecto al contenido o carácter de la imitación. La imitación tesalónica consistió en recibir con gozo el evangelio a pesar de las tribulaciones y del sufrimiento que le siguieron a su recepción *(dexamenoi ton logon en thlipsez)*. Una vez más observamos una referencia indirecta hacia la vida cruciforme.

Llegamos nuevamente a la cuestión de la validación apostólica con la que nos hemos familiarizado. ¿Acaso Pablo percibió su imitación del sufrimiento de Cristo como una confirmación de su apostolado?

Para responder a esa pregunta debemos explorar 2 Corintios, una epístola que contiene la defensa más vigorosa y prolongada de su apostolado. Una característica impactante de esta epístola, y que se nota inmediatamente, se refiere a las numerosas listas y referencias de los sufrimientos y pruebas de Pablo. El lector puede contar no menos de cinco.

La más larga, en 2 Corintios 11:23-33, provee de un cáustico enfoque a nuestro objeto de estudio. En el capítulo once, Pablo expone y condena a sus oponentes como falsos apóstoles y obreros mentirosos que se disfrazaban de apóstoles de Cristo y siervos de la justicia, pero que eran agentes de Satanás que se dirigían hacia el juicio divino (11:13-15).

A la luz de sus numerosos desafíos y falsas acusaciones, Pablo fue forzado a proporcionar algún tipo de respuesta o defensa. Él sabía que, al hacerlo, corría el riesgo de parecer que se promovía a sí mismo. Se disculpó por rebajarse al nivel de sus oponentes y jactarse (v. 16). Sabía que se trataba de una necedad y que no seguía el ejemplo del Señor (v. 17). Sin embargo, esto era necesario si Pablo debía presentar su caso delante de una iglesia propensa a compararlo con sus rivales. Además, igualmente podría haberse jactado, dada la tolerancia demostrada por la iglesia para tal tipo de jactancia mundana, literalmente "carnal" (v. 18).

Con palabras empapadas de ironía y sarcasmo, afirmó su confianza en su sabiduría y su buena disposición para aceptar felizmente tal necedad (v. 19). Con una ráfaga final de ironía, Pablo fingió vergüenza al quedar como alguien "débil" en comparación. Había venido a ellos en el espíritu de ternura y bondad de Cristo (10:1), pero los corintios no estaban impresionados y parecían preferir el autoritarismo arrogante de los rivales de Pablo (v. 20). En consecuencia, Pablo decidió combatir fuego con fuego y responder a un necio de acuerdo a su necedad (Proverbios 26:5). Les aseguró a sus lectores que, sin importar el tema de la jactancia de su oponente, él podía jactarse con el mejor de ellos. Con el v. 23, la jactancia de Pablo da un giro agudo e inesperado que va desde sus credenciales étnicas como judío (v. 22) hasta sus logros como un "siervo de Cristo".

Si su audiencia esperaba relatos entusiastas de siembra de iglesias y hazañas misioneras, entonces estaban destinados a la decepción y el escándalo. En vez de eso, Pablo catalogó los sufrimientos y pruebas que enfrentó en su servicio a Cristo. La lista es extensa e incluye persecuciones (vv. 24,25b; 32-33), peligros que pusieron en riesgo su vida (vv. 25c,26), privaciones físicas (v. 27) y cargas sicológicas debidas a una preocupación pastoral por las iglesias. Paradójicamente, se jactó no en los éxitos, sino en lo que normalmente sería visto como fracasos (vv. 24-27), no en las obras de poder, sino en la debilidad (29,30).

Cuando Dios eligió a Pablo como apóstol de los gentiles, se le prometió mostrarle "cuánto tendrá que padecer por mi nombre" (Hechos 9:15,16). A partir de estos versículos y del Libro de los Hechos, nos damos cuenta de que Dios cumplió bien su promesa. Es posible que ningún otro cristiano en la historia de la iglesia ha sido más firme y celoso de predicar a Cristo frente a la persecución implacable, las privaciones y los sufrimientos personales. Aquí yace la singularidad de la jactancia de Pablo, además de su genio estratégico. Sus rivales actuaron, para la fascinación de su audiencia, con cosas externas.

Para ellos, los verdaderos apóstoles se podían distinguir por su elocuencia retórica, sus modales autoritarios y su presencia carismática. Los milagros, las señales y prodigios (12:12) eran marcas que autentificaban el ministerio apostólico y congruentes con estos criterios. Sin embargo, los corintios no ignoraban su deber como cristianos de imitar el carácter de Cristo (10:1), tampoco ignoraban el misterio de la Cruz, el cual reveló la sabiduría y poder de Dios a través de la aparente necedad de la debilidad humana (1 Corintios 2:1-8; 2 Corintios 4:7-11).

La incomparable jactancia de Pablo consistió en que él no tenía rival en esta imitación de los sufrimientos de Cristo y obediencia a la voluntad de Dios (compárese con Marcos 8:33,34). Esto demandó nada menos que morir a sí mismo (Gálatas 2:20; Romanos 6:6; Colosenses 3:3-9; compárese con Efesios 4:22-24). La orgullosa promoción personal de sus oponentes contrastó crudamente con una vida cruciforme, esto es, el sendero recorrido por Jesús de camino a la cruz. Al jactarse de su sufrimiento por causa de Cristo, Pablo se adecuó al amor de sus oponentes por la comparación y por la presentación de credenciales apostólicas.

Sin embargo, también adelantó un criterio que no podían satisfacer: una vida de negación personal y sufrimiento en obediencia a su llamado apostóli-co. De forma similar, en aparente exasperación con los "conflictivos" oponen-tes de Galacia, Pablo arremetió de la siguiente manera: "Por lo demás, que nadie me cause más problemas, porque yo llevo en el cuerpo las cicatrices de Jesús" (6:17).

Un pasaje final de 2 Corintios es pertinente para el tema de la *imitatio Christi* y el sufrimiento. En 12:12 volvemos a la cuestión de cuáles son las marcas que autentifican a un verdadero apóstol. El versículo dice: *"Las marcas distintivas de un apóstol,* tales como *señales, prodigios y milagros,* se dieron constante-mente entre ustedes". Muchos pentecostales y carismáticos asumen que las "marcas distintivas de un apóstol" verdadero en la primera mitad del versículo son las señales milagrosas, prodigios y milagros de la segunda mitad. Aunque la palabra que se traduce como "señales" y es la misma en ambos lugares, existen buenas razones para concluir que Pablo se refería a algo distinto:

1. La palabra tiene un rango más amplio de significados que solamente "milagros" (véase Romanos 4:11, de circuncisión; 2 Tesalonicenses 3:17, de la firma de Pablo; y Mateo 26:48, del beso de Judas).

2. La gramática de este versículo indica que los términos al final de la oración describen la forma en la que se llevaban a cabo las señales de un verdadero apóstol.

Entonces, ¿a qué se refieren estas "señales"? En los capítulos 10 al 13, Pablo señaló lo que distingue al verdadero ministerio apostólico. Además del poder espiritual para confrontar el mal (10:3-4, 8-11; 13:2-4,10), y revelaciones divinas (visionarias), incluyen rasgos de carácter tales como:

- un celoso cuidado *de* las iglesias (11:6),
- verdadero conocimiento de Jesús y de su evangelio (11:6),
- apoyo financiero propio y sacrificado para no ser una carga a las iglesias,
- la ausencia de disciplina abusiva o actitudes que se aprovechan de los demás (11:20,21),
- disposición para sufrir y ser afligido por la causa de Cristo (11:23-29) y
- resistencia paciente al "aguijón en la carne" (12:7-9).

Es necesario subrayar que los "seudo apóstoles" (11:13) podían afirmar y probablemente afirmaron haber recibido revelaciones o poseer un conocimiento superior de la verdad (11:5-6; 12:1-7). Quizá también se presentaron con "señales" falsas provistas por Satanás. Sin embargo, cuando Pablo quiso defender su reclamo de un apostolado genuino, él no señaló los milagros, sino la semejanza a Cristo reflejada en su conducta personal, carácter y disposición para sufrir por el evangelio.

Además, señaló situaciones de debilidad (12:1-10) que se habían convertido en oportunidades para que Dios revelara su poder (4:7-12). Para Pablo, estas cualidades representaban las marcas distintivas de un verdadero apóstol. Permanecían como sólido alivio frente a los pálidos y superficiales criterios de los impostores que se promovían a sí mismos en Corinto.

Debe ser obvia la lección para quienes desean ver en la iglesia un retorno del verdadero ministerio "apostólico", con las señales y prodigios que le acompañan. Las manifestaciones sobrenaturales son integrales al ministerio apostólico del Nuevo Testamento, pero no son una marca definitoria. Las señales y prodigios deben ser juzgadas respecto a su verdadera fuente u origen. Una clave para juzgarlas es discernir el carácter del ministro (y su ministerio) a través de quienes aparecen estas señales y prodigios. Ellos deben ser ministrados en el carácter espiritual y moral de *El Crucificado*.

2

Pablo y el alcance
de la autoridad apostólica

por James D. Hernando

Desde que llegó a la imprenta el libro de David Cartledge, *The Apostolic Revolution* [La revolución apostólica], el mundo pentecostal-carismático se llenó de agitación y actividad respecto al debate y al conflicto acerca del papel y la función de los apóstoles modernos. No se trata de una controversia nueva, tal y como lo documenta el capítulo escrito por Vinson Synan en este libro. Esto ha hecho que resurjan algunas preguntas conocidas y antiguas que, sin duda alguna, algunos hubieran querido que se quedaran en el pasado. Entre las principales se encuentran las siguientes:

1. ¿Hay apóstoles en la iglesia de hoy día?

2. De ser así, cuál es la relación de estos apóstoles con la iglesia institucional?

3. *¿Cómo* se puede reconocer un ministerio apostólico auténtico?

En otro capítulo, este mismo autor trató de responder a la tercera pregunta al explorar aquello que constituye lo *sine qua non* [esencial] del ministerio apostólico para el apóstol Pablo. El curso que se siguió en ese capítulo fue asumir, por causa del argumento, la legitimidad de los apóstoles modernos y luego preguntar cómo sería posible reconocer a uno.

Está ya planteada la cuestión de si la iglesia debería reconocer el oficio apostólico o simplemente la función del ministerio apostólico. Los pentecostales clásicos y carismáticos han visto desde hace mucho el don de "apóstoles" como algo que opera en la iglesia desde sus comienzos. Sin embargo, el reconocer el ministerio apostólico es una cosa; pero el reconocer "apóstoles" o el "cargo" de apóstol, de forma institucional, es otra muy distinta.

El centro de la controversia es la forma en que tales apóstoles deberían relacionarse con la iglesia institucional y con las líneas establecidas de autoridad eclesiástica. Cartledge deja muy en claro que estos apóstoles realizan su función y tienen reconocimiento en la *iglesia local*. Sin embargo, al leer a los defensores de la "revolución apostólica", no queda suficientemente clara la forma en la que eso funciona.

En su análisis de la obra de Cartledge, Laurence Van Kleek estableció dos puntos de desacuerdo:

1. Los "apóstoles" modernos, ¿*cómo* pueden reclamar autoridad apostólica y mantener la rendición de cuentas ante la iglesia?

2. ¿Cuál es el soporte bíblico para los apóstoles eclesiásticos modernos?

Cuando los interminables escenarios del cristianismo global se colocan lado a lado, estas preguntas son complejas y multifacéticas.

Me gustaría comenzar a responder estas dos preguntas examinando algunos pasajes de los escritos de Pablo que son pertinentes y que se refieren a ellas, aunque un poco de manera indirecta. He seleccionado los escritos de Pablo porque él invirtió una gran parte de su carrera misionera lidiando con conflictos y con las críticas de opositores que impugnaron su apostolado o que estaban en contra de su liderazgo apostólico en la iglesia. Al establecer la legitimidad de su apostolado en contra de los desafíos y acusaciones de sus opositores, Pablo dio luz sobre la forma en la que debemos considerar la naturaleza y alcance del ministerio apostólico. Hay dos facetas de la vida del apóstol Pablo que proporcionan particular profundidad.

Pablo: El origen y la autoridad de su llamado apostólico

Es evidente, a partir del contenido de sus epístolas, que Pablo comprendió que él era un "apóstol de Jesucristo". Él no solamente tuvo una percepción personal propia y consciencia de ser apóstol, sino que la claridad y enfoque de su llamado no tuvieron rival en el Nuevo Testamento. Sin duda esto se debe en parte a su dramática conversión en el camino a Damasco, en donde se encontró con el Cristo resucitado (Hechos 9:3-8). Este encuentro revelador es todavía más sobresaliente dado el hecho de que ocurrió mientras Pablo estaba persiguiendo a la iglesia. Esto ayuda a explicar la profunda humildad que acompaña su percepción propia como apóstol. En una actitud de automenosprecio, escribió lo siguiente: "Admito que yo soy el más insignificante de los apóstoles y que ni siquiera merezco ser llamado apóstol, porque perseguí a la iglesia de Dios" (1 Corintios 15:9).

De esta forma, Pablo atribuyó su llamado a la "gracia de Dios". Su apostolado no fue más o menos que la mayordomía de la gracia de Dios. Esta gracia le fue concedida para "predicar a las naciones las incalculables riquezas de Cristo" (Efesios 3:8; compárese con Romanos 15:15). Él escribió que como apóstol echó los cimientos de la iglesia "según la gracia que Dios" le dio

(1 Corintios 3:10); compárese con Gálatas 2:9; Romanos 12:3). No se concedió crédito por el éxito de su ministerio apostólico debido a que su efectividad fue el resultado del "regalo [*charisma*] que Dios, por su gracia, me dio conforme a su poder eficaz" (Efesios 3:7). Además, mientras reconocía que sus labores no tenían igual entre sus compañeros apóstoles, Pablo seguía sin atribuirse crédito: "Pero por la gracia de Dios soy lo que soy, y la gracia que él me concedió no fue infructuosa. Al contrario, he trabajado con más tesón que todos ellos, aunque no yo sino la gracia de Dios que está conmigo" (1 Corintios 15:10).

Como se señala arriba, el llamado de Pablo fue para llevar a los gentiles el mensaje de la salvación de Dios en Cristo. Dado que recibió su comisión del Señor resucitado, Pablo se vio a sí mismo como un "ministro de Jesucristo" y la meta de su apostolado fue "que los gentiles lleguen a ser una ofrenda aceptable a Dios, santificada por el Espíritu Santo" (Romanos 15:16). Es esta singular comisión lo que estableció la igualdad del apostolado de Pablo con el de los Doce. No se consideró inferior en ninguna forma a "aquellos grandes apóstoles" (2 Corintios 11:5; 12:11; RVR-1960). Los apóstoles de Jerusalén confirmaron este hecho cuando le dieron a Pablo y a Bernabé la mano derecha en señal de confraternidad (Gálatas 2:7-9).

Sin embargo, este reconocimiento no fue compartido por todos los que componían la iglesia. Como lo testifica la epístola a los Gálatas, los opositores de Pablo en las iglesias impugnaron el estatus de su apostolado casi desde los inicios. Brinsmead señala que Pablo defendió su apostolado por causa de la autoridad intrínseca del oficio apostólico para garantizar la verdad del evangelio. En Gálatas 1:6-7, leemos que los gálatas se habían alejado del evangelio apostólico, para ir en pos de un evangelio "diferente" [*heteras*] que no era otro evangelio, sino una distorsión o perversión del verdadero evangelio.

Hicieron eso por causa de los falsos maestros que estaban "perturbando" a la iglesia. A partir de las descripciones de sus actividades y enseñanza (4:17; 5:2-12; 6:12,13,17), es claro que no solo desafiaron la veracidad del evangelio de Pablo, sino su mismo apostolado. Asimismo, buscaron suplantar la influencia apostólica y autoridad de Pablo en Galacia con la de ellos mismos. Para Pablo, defender la legitimidad de su apostolado no fue una cuestión personal. La integridad del evangelio estaba vinculada de manera inseparable a su apostolado. Si se trataba de hacer prevalecer la verdad del evangelio (2:5), entonces Pablo tenía que responder a estas falsas acusaciones y defender su propio apostolado.

Su apostolado: no proveniente de autoridad humana

Es difícil imaginar que los opositores gálatas le negaran a Pablo el derecho al título de "apóstol". Lo más probable es que negaran que el apostolado de Pablo tenía un estatus igual al de los Doce, esto es, las "columnas" de Jerusalén. Podrían haber argumentado atinadamente que Pablo no llenó al menos uno de los dos criterios que la iglesia de Jerusalén estableció al buscar el reemplazo de Judas Iscariote. Pablo no fue testigo presencial del ministerio terrenal de Jesús (Hechos 1:21). En consecuencia, concluyeron que el apostolado de Pablo era de un grado distinto e inferior, dependiente de las enseñanzas de los apóstoles originales, y probablemente conferido por ellos.

Pablo, de inmediato y de forma enfática, negó esta evaluación. Confrontado con la denigración de su estatus apostólico, pronunció una refutación vehemente respecto a que su apostolado hubiera "provenido", o se hubiera originado, en cualquier fuente humana. Él no fue un apóstol "por hombre" [*ap)anthropon*], o por intermedio del hombre [*di'anthropou*]. El apostolado de Pablo era de origen divino y sin intervención de mediadores, proveniente directamente de Jesucristo y de Dios el Padre que lo levantó de entre los muertos (Gálatas 1:1).

Pablo sabía hacia dónde se dirigían sus opositores en este asalto contra su apostolado. Su meta era suplantar la versión paulina del evangelio con la suya propia, lo cual incluía la necesidad de la circuncisión y, probablemente, de la adherencia a la ley mosaica. Para lograr su objetivo, se propusieron denigrar su apostolado y el evangelio que él predicó. Aparentemente, argumentaron que Pablo predicó un evangelio "de segunda mano", derivado de la tradición.

Esto es evidente a partir de la forma enfática en la que Pablo niega el origen humano de su evangelio: "Quiero que sepan, hermanos, que el evangelio que yo predico *no es invención humana*" (Gálatas 1:11). La frase griega [*ouk kata anthropon*] es idiomática y niega tanto el carácter humano como la fuente humana del evangelio de Pablo. Además, desarrolló su argumento al negar de forma específica que su evangelio fue el producto de la tradición humana, esto es, transmitido a él por medio de otros.

> *No lo recibí* [parelabon] *ni lo aprendí* [edidachthen] *de ningún ser humano* [para anthropou], *sino que me llegó por revelación de Jesucristo.* Gálatas 1:12

Para responder a esta acusación en contra de su evangelio, Pablo presentó un esbozo autobiográfico que la refutaba (Gálatas 1:11–2:6), mostrando su independencia de la iglesia de Jerusalén. En este esbozo podemos notar lo siguiente:

1. la rotunda negación de que su evangelio vino por agencia humana (1: 11-12a),

2. que su evangelio vino por medio de una "revelación de Jesucristo" (1:12b),

3. que, luego de su conversión, Pablo no consultó con "carne y sangre"

(v. 16), ni con los apóstoles de Jerusalén (v. 17) sino que se alejó a Arabia durante tres años antes de regresar a Damasco,

4. que fue hasta después de tres años él se trasladó a Jerusalén, pero su visita fue breve (quince días) y mantuvo contacto solamente con Cefas y Jacobo.

La mayoría de los estudiosos de la Biblia reconocen de inmediato que el Nuevo Testamento describe más de una categoría de apóstol. En particular, existe una distinción entre los denominados "apóstoles del Señor", esto es, quienes recibieron su llamado apostólico directamente del Señor Jesús, y el grupo más numeroso de "apóstoles eclesiásticos", es decir, quienes son enviados por la iglesia.

El testimonio colectivo del Nuevo Testamento, si bien no coloca a Pablo en la primera categoría, le concede, sin embargo, un estatus equivalente al de los Doce, como se vio anteriormente. Este grupo selecto de apóstoles fue único e irremplazable en el hecho de que cumplieron una función que se ha llevado a cabo dentro de la historia de la redención. Estos primeros apóstoles fueron fundamentales para la iglesia (Efesios 2:20; 3:5), y actuaron como los portadores de autoridad y transmisores de la enseñanza de Jesús (Mateo 10:1-7; Hechos 1:2-8).

Sus enseñanzas y escritos se convirtieron en el estándar y en los criterios por medio de los cuales la Iglesia Primitiva determinó el contenido del canon del Nuevo Testamento. A este respecto, su autoridad para determinar las normas doctrinales del cristianismo no tuvo igual y quedó fuera del alcance de cualquier desafío.

Operando en este reino de la autoridad apostólica, Pablo se refirió a su predicación como "la palabra de Dios" (1 Tesalonicenses 2:13; compárese con 1:7,8). Les advirtió a los corintios, quienes afirmaban poseer el Espíritu profético, que reconocieran que su enseñanza era "el mandamiento del Señor" (1 Corintios 14:37). Pronunció juicio de Dios sobre aquellos que se le oponían o quienes rechazaban su enseñanza (Gálatas 1:8,9; 5:10; 2 Corintios 11:14; 1 Timoteo 1:20; 2 Timoteo 4:14).

Sin embargo, quien estudia el Nuevo Testamento pronto descubre que cuando Pablo recurre a la autoridad divina como algo que distinguió su enseñanza, esto queda circunscrito por su deber apostólico a salvaguardar la integridad del evangelio. Pero su autoridad no fue absoluta. De hecho, en ese papel, Pablo rindió cuentas y estuvo sujeto al mismo evangelio que predicó. Les escribió a los gálatas (1:6-8):

Me asombra que tan pronto estén dejando ustedes a quien los llamó por la gracia de Cristo, para pasarse a otro evangelio. No es que haya otro evangelio, sino que ciertos individuos están sembrando confusión entre ustedes y quieren tergiversar el evangelio de Cristo.

Pero aun si alguno de nosotros o un ángel del cielo les predicara un evangelio distinto del que les hemos predicado, ¡que caiga bajo maldición!

Nótese el uso del "nosotros" apostólico. Ni Pablo ni sus colaboradores apostólicos, que predicaron primero el evangelio en la provincia de Galacia, estaban exentos de esta maldición. Ellos eran responsables de render cuentas del evangelio dado a través de una "revelación de Jesucristo" (1:12). Este evangelio, una vez predicado, era inviolable. Nadie, ni siquiera el mismo Pablo, podía cambiar su contenido, aun apelando a una revelación adicional. Para enfatizar, Pablo extendió la prohibición aun cuando el agente de la revelación fuese un "ángel del cielo".

En este punto es apropiado expresar una palabra de aplicación relacionada con la moderna "Reforma Apostólica". Sea cual sea el cambio que se defienda o cualquiera que sea la innovación que se ofrezca, estos deben estar sujetos a la revelación apostólica que nos es dada en el Nuevo Testamento. Si aquello a lo que uno se adhiere está reñido con la clara enseñanza del Nuevo Testamento, entonces debe ser rechazado.

Su apostolado: no sin rendir cuentas a la iglesia

Volviendo a la cuestión de la autoridad apostólica y la rendición de cuentas, el ejemplo de Pablo es instructivo, aunque enigmático. Al mismo tiempo que aseveró que ni su apostolado ni su evangelio eran de origen humano, los sometió a ambos al juicio de las "columnas" de Jerusalén (Gálatas 2:2-10). Afirmó en tono críptico lo siguiente: "y para no correr o haber corrido en vano" (v. 2, RVR-1960). Sea lo que sea que haya querido decir con estas palabras, no cuestionó lo correcto de su evangelio.

Con toda seguridad, Pablo actuó para preservar y proteger su obra entre los gentiles. Él comprendió que para que la misión gentil tuviera éxito, el evangelio que predicaba debería ser validado por toda la iglesia. Téngase en mente que para Pablo solo existía un verdadero evangelio apostólico: el que predicaba. Sin embargo, él comprendió que su apostolado era un apostolado de servicio a la iglesia, en la que tanto el judío como el gentil tienen "entrada por un mismo Espíritu al Padre" (Efesios 2:18) y todos "son uno solo en Cristo Jesús" (Gálatas 3:28).

En consecuencia, el éxito de su ministerio apostólico dependía de la preservación de la unidad del Espíritu en el vínculo de la paz en el cuerpo de Cristo

(Efesios 4:3; compárese con Colosenses 3:14). Entendió que su llamado apostólico se le otorgó para promover la unidad de la fe (Efesios 4:13). Pablo no se sometió a la autoridad reconocida de los apóstoles de Jerusalén porque personalmente necesitara de su aprobación o respaldo, sino porque así lo requería la unidad de la fe.

Si Pablo es un modelo para el apostolado moderno, entonces una cosa debe quedar absolutamente clara: Pablo no desdeñó la autoridad de la iglesia ni obró de manera independiente al liderazgo de la misma. Lucas nos dejó esto bien claro al elaborar las crónicas de la obra misionera de Pablo. Fue la iglesia de Antioquía, bajo la guía del Espíritu, la que impuso manos sobre Pablo y Bernabé y los envió en su primer viaje misionero (Hechos 13:1-4). Lucas fue meticuloso al registrar que Pablo, luego de cada viaje misionero, regresó y visitó Antioquía o la iglesia madre en Jerusalén. Lo que esto sugiere es que Pablo entendió la responsabilidad de rendir cuentas a la iglesia tanto de sí mismo como de su apostolado y servicio misionero.

Pablo: la validación de su llamado apostólico

Validación divina: lo milagroso. Desde hace mucho tiempo, los pentecostales sostienen que el ministerio apostólico auténtico es validado por lo sobrenatural. El autor del libro de Hebreos declaró que las señales, las maravillas y los milagros fueron una fuente de ratificación divina que acompañó a la predicación apostólica del evangelio (Hebreos 2:3,4). Las epístolas de Pablo testifican la presencia de tales fenómenos sobrenaturales, demostrando que estos fenómenos distinguieron su predicación como apóstol de Cristo (1 Corintios 2:4,5; 4:20; Romanos 15:1 5-1 9). Así pues, en 2 Corintios 12:12, Pablo afirma: "Las marcas distintivas de un *apóstol,* tales como señales [*semeia*], prodigios [*terata*] y milagros [*dunameis*], se dieron constantemente entre ustedes".

Validación divina: el poder de la transformación espiritual. Los anteriores pasajes de la Escritura hacen difícil que no se concluya que el ministerio apostólico del Nuevo Testamento se caracterizó y confirmó por medio de lo milagroso, esto es, por medio del poder de Dios demostrado en señales, prodigios, milagros y los *charismata* del Espíritu (Hebreos 2:4). Sin embargo, esta conclusión está incompleta si no incluye otra dimensión, quizá de mayor importancia, del evidente poder divino en el ministerio apostólico. Se trata del poder de Dios demostrado en la transformación espiritual de los creyentes del Nuevo Pacto. En 2 Corintios 3:1-3, Pablo hizo referencia a la antigua práctica de escribir cartas de recomendación para presentar a alguien y testificar del buen carácter de esa persona.

La Iglesia Primitiva adoptó esta práctica para auscultar a quienes buscaban ejercer un ministerio profético o de enseñanza en alguna iglesia y para proveer de una salvaguarda en contra de los charlatanes. Los opositores de Pablo llegaron a Corinto con cartas como esas en las manos y las utilizaron para obtener credibilidad y ganar audiencia en la iglesia. Pablo hizo dos preguntas retóricas dirigidas a la crítica de las credenciales de sus opositores. No es que él rechazara todas las cartas de recomendación. A partir de sus epístolas, sabemos que él las usó y las escribió (Romanos 16:1-2; Colosenses 4:10; 1 Corintios 16:10,11). Más bien, Pablo desconoció la necesidad de tales cartas para validar su propio ministerio entre ellos.

Pablo aseveró que poseía una carta de recomendación de un nivel más alto (Gálatas 3:2). La gracia de Cristo, operando a través del ministerio de Pablo, llevó a cabo una transformación espiritual en las vidas humanas. Los mismos corintios eran una carta de Cristo, la cual proveía de toda la validación que Pablo necesitaba. Él contrastó esta carta con las que presentaban sus opositores. No fue escrita *externamente* en un pergamino, sino *internamente* en los corazones humanos; no estaba constituida por un testimonio *impersonal* de extraños que la llevaban en la mano, sino de la referencia *personal* de una vida transformada, albergada en el corazón del apóstol. *No* estaba limitada a *unos cuantos* que la leyeron, sino vista y *leída por todos* los testigos de esa transformación; no estaba escrita con tinta *carente de vida,* sino con el Espíritu *vivo* de Dios (vv. 2,3a). Pablo prosiguió con este último contraste utilizando figuras del Antiguo Testamento.

Su carta no era como los Diez Mandamientos, escritos en *tablas de fría e inanimada piedra* (Éxodo 31:18; 32:15,16). Su carta estaba escrita de manera permanente en *corazones cálidos, capaces de responder* Jeremías 31:33; 32:38-40; Ezequiel 11:15; 6:26). En realidad, lo que Pablo estaba contrastando era el antiguo y el nuevo pacto. El nuevo pacto viene con la provisión del Espíritu. Es el Espíritu del Dios *viviente* (v. 3) y, por tanto, el Espíritu "que da vida" (v. 6b).

La vida otorgada por el Espíritu es la vida eterna de Dios provista como un don a través de su Hijo Jesucristo (Romanos 6:23; compárese con Juan 20:31; 1 Juan 5:11,12). Esa vida está disponible ahora para los hijos de Dios que han sido resucitados con Cristo a una "vida nueva" (Romanos 6:4).

Por el mismo Espíritu que levantó a Jesús de entre los muertos (Romanos 8:11). Esta vida de resurrección, mediada por el Espíritu, transforma al creyente a la imagen de Cristo (Romanos 8:29) "con más y más gloria" (2 Corintios 3:17,18).

El poder de Dios, obrando y siendo atestiguado en la transformación espiritual de los creyentes del Nuevo Pacto, era la "carta" de validación del apostolado de Pablo. La superioridad de esta carta estaba fuera de disputa. Al aclarar esto, Pablo respondió las críticas de sus opositores y reprendió su hábito de autopromoción. Igualmente, defendió con firmeza lo genuino de su apostolado, y de forma, implícita, dejó una nube de sospecha sobre la autenticidad de sus opositores.

Validación divina: el poder para hacer avanzar el reino de Dios. ¿¿Cómo reconoció la Iglesia Primitiva el poder de Dios obrando a través de Pablo como confirmación de su llamado apostólico? Lucas nos ofrece una pista cuando hace un recuento de lo que ocurrió ante del Concilio de Jerusalén (Hechos 15). La controversia sobre si la circuncisión y el guardar la ley eran un requisito previo para la salvación entre los gentiles condujo a Pablo y a Bernabé a Jerusalén para debatir la cuestión.

Lucas explicó que, de camino hacia allá, pasaron a través de Fenicia y Samaria, y "contaron cómo se habían convertido los gentiles", para el gozo de los hermanos (15:3). Cuando llegaron a Jerusalén, Lucas registró que "fueron muy bien recibidos tanto por la iglesia como por los apóstoles y los ancianos, a quienes informaron de todo lo que Dios había hecho por medio de ellos" (15:4).

El disturbio judaizante causó que los apóstoles y ancianos en Jerusalén convinieran en realizar una conferencia en la que Pedro se puso del lado de Pablo y Bernabé. Les recordó de su papel, divinamente orquestado, para llevar el evangelio y salvación a los gentiles. ¿Y qué ocurrió después?

La iglesia escuchó con silencioso asombro lo que Pablo y Bernabé "contaron [sobre las señales y prodigios que Dios había hecho por medio de ellos entre los gentiles" (15:12). Esto dio como resultado que la iglesia de Jerusalén reconociera la legitimidad de la misión gentil y de la obra apostólica de Pablo y Bernabé. También los envió a Antioquía con una carta que fue escrita para preservar la unidad de la iglesia y el fruto de la misión gentil.

El hecho de que obviamente Dios obró a través de Pablo y Bernabé al hacer avanzar el reino de Dios entre los gentiles, sirvió para confirmar su apostolado. Es difícil no concluir que un testimonio similar queda soportado detrás de las palabras de Pablo en Gálatas 2:7-9. ¿Qué hizo que las Columnas de Jerusalén "vieran" que a Pablo *se le había* "encomendado predicar el evangelio a los gentiles, de la misma manera que a Pedro predicarlo a los judíos"?

Sin duda fueron convencidos por el testimonio del poder de Dios obrando con efectividad por medio del apostolado de Pablo a los gentiles, tal y como lo hizo con Pedro en su apostolado a los judíos. En consecuencia, luego de reconocer "la gracia (del apostolado de Pablo) que yo había recibido... (Jacobo, Pedro y Juan) nos dieron la mano a Bernabé y a mí en señal de compañerismo, de modo que nosotros fuéramos a los gentiles y ellos a los judíos" (2:9). Nuevamente, Pablo confirmó que el poder de Dios obró a través de su predicación para extender su reino:

No me atreveré a hablar de nada sino de lo que Cristo ha hecho por medio de mí para que los gentiles lleguen a obedecer a Dios. Lo ha hecho con palabras y obras, mediante poderosas señales y milagros, por el poder del Espíritu de Dios.

Así que, habiendo comenzado en Jerusalén, he completado la procla-mación del evangelio de Cristo por todas partes, hasta la región de Iliria. En efecto, mi propósito ha sido predicar el evangelio donde Cristo no sea conocido, para no edificar sobre fundamento ajeno.
Romanos 15:18-20

Sin duda, Peter Wagner tiene esos versículos en mente cuando observa que los apóstoles de hoy día, tal como sus contrapartes en el Nuevo Testamento, han determinado esferas de ministerio. Sin embargo, cabe señalar un posible rasgo de disimilitud. Pablo y sus contemporáneos, en su característica de apóstoles "Únicos", se ocuparon en llevar el evangelio a las personas que no habían escuchado previamente el evangelio de Cristo. Respecto a esto él trazó un paralelo, como lo hace notar Menzies, con los ministerios pioneros de hoy día.

Pablo fue enfático respecto a no querer "edificar sobre fundamento ajeno" al predicar en territorio en donde ya se hubiera llevado a cabo la tarea de evangelización. De hecho, criticó duramente a sus opositores corintios que neciamente se jactaban "más de lo debido ... [de acuerdo al] campo que Dios ... [les había] asignado según su medida". Pablo negó que su jactancia per-sonal fuese excesiva porque estaba dentro de los límites propios del campo ministerial como apóstol a los gentiles, asignado por Dios a él (Gálatas 2:8; Hechos 9:15).

Corinto era parte del campo asignado debidamente al ministerio de Pablo (2 Corintios 10:13). De hecho, los corintios escucharon primero el evangelio por Pablo y por sus colaboradores (v. 14). Pablo rechazó haberse jactado de la obra y haberse atribuido el crédito de la obra de otros, tal como sus opositores, evidentemente, lo hacían (vv. 15 y 16).

Sin embargo, la ambición de Pablo en la obra de Cristo no se restringió a llevar el evangelio al extremo occidental que representaba Corinto. Él espera-ba que, al crecer los corintios en la fe, el campo de su ministerio entre ellos se expandiera y diera como resultado el extenderlo a regiones mucho más lejanas (v. 15). Esta fue la meta real del apóstol y lo que le hacía sentirse orgulloso: llevar el evangelio a las personas que no habían escuchado las buenas nuevas todavía. Y es aquí en donde yace una causa legítima de jactancia; pero se trata de una jactancia que nunca se queda con el crédito de la obra de otros, ni tampoco se refiere al éxito del ministerio del evangelio en términos de éxito personal.

Citando Jeremías 9:34, Pablo amonesta a sus lectores a dar a Dios toda la gloria y crédito por lo que se logra en la obra del Señor. Después de todo, nuestra verdadera meta es agradar a Cristo (5:9) y nuestra verdadera recompensa es obtener su aprobación (v. 18; compárese con Mateo 25:21), algo inalcanzable para aquellos que son propensos a la autoaprobación.

Validación divina: poder divino por medio de la debilidad humana. Finalmente, hay otra dimensión del poder de Dios que fue quizá más importante para el apóstol Pablo y más relevante para la validación de su apostolado. Se trata del poder de Dios demostrado a través de la debilidad humana. Pablo, al hablar de su aguijón en la carne, señaló que la gracia de Cristo se mostró a través de su debilidad humana y que ésta se convirtió en la oportunidad para que el poder de Dios se perfeccionara en su vida (2 Corintios 12:1-10).

Aunque las manifestaciones sobrenaturales están incluidas en la lista de las señales que autentifican a un verdadero apóstol (12:12), no constituyen la marca definitiva de un verdadero apóstol. En el capítulo anterior, argumenté cómo es que la marca distintiva del ministerio apostólico es la *imitatio Christi,* esto es la imitación, por parte del apóstol, de la vida y carácter de Cristo observado en su ministerio terrenal y en su misión redentora. De una manera única, el apóstol de Jesucristo imita a Jesucristo en las circunstancias de su encarnación. Jesús, de manera voluntaria, llevó sobre sí mismo las debilidades de la humanidad en obediencia a la voluntad del Padre para cumplir el propósito de la redención. Fue a través de su encarnación en la frágil humanidad que se desató el poder de Dios en salvación para el mundo.

En 2 Corintios, Pablo ensambló la defensa más rigurosa de su apostolado. Sus opositores eran falsos apóstoles y obreros del engaño que se enmascaraban como apóstoles de Cristo. Lo que era aún más de condenar, es que se trataba de gentes de Satanás, el maestro del engaño (Juan 8:44), quien oculta la verdadera naturaleza de su obra (compárese con 1 Pedro 5:8) al disfrazarse él mismo como ángel de luz (2 Corintios 11:13-15).

Estos impostores se burlaron de la mansedumbre de Pablo (10:1) y los corintios, de forma increíble) soportaron su abuso de autoridad (11:20), a la vez que quedaron impresionados por ella (11:19,21). Aparentemente, los corintios identificaron este despliegue externo de autoridad como prueba de su apostolado, es decir, como una evidencia de que Cristo hablaba a través de ellos. Pablo, con claridad, les hace saber que si estaban buscando ese tipo de evidencia, la tendrían en su inminente visita, cuando él no sería indulgente con nadie (13:1,2). Después de todo, el Cristo que habló a través de Pablo no es débil sino poderoso entre ellos (v. 3).

Sin embargo, el mismo criterio sobre el que los falsos apóstoles y sus segui-dores insistieron traicionó su ignorancia respecto a lo que cuesta ser un siervo apostólico de Cristo. Además, reveló un defecto trágico en su comprensión del evangelio mismo. Dios ha escogido llevar el evangelio al mundo a través de la debilidad humana, de manera que la grandeza excesiva de su poder en la salvación pueda ser vista como obra de él y no del hombre. Después de todo, fue a través de la debilidad de la Cruz que Dios desató su poder en la resurrección y lo puso a disposición de todos aquellos que se identificarían con Cristo (v. 4).

Cristo voluntariamente se humilló a sí mismo y tomó sobre sí la debilidad de la humanidad para obedecer la voluntad de Dios hasta el punto de la muerte en una cruz (Filipenses 2:8). Pablo eligió seguir el ejemplo de Jesús. Así como Cristo hoy vive a través del poder manifestado en la resurrección, Pablo, aun-que débil a los ojos de los hombres, vivió por el Espíritu (3:3,6,8) para servirles en el poder del Cristo resucitado.

Pablo escribió lo siguiente para los presuntos apóstoles en Corinto:

> *... Ya que están exigiendo una prueba de que Cristo habla por medio de mí. Él no se muestra débil en su trato con ustedes, sino que ejerce su poder entre ustedes. Es cierto que fue crucificado en debilidad, pero ahora vive por el poder de Dios. De igual manera, nosotros participamos de su debilidad, pero por el poder de Dios viviremos con Cristo para ustedes.* 2 Corintios 13:3,4

Es así que el poder sobrenatural de Dios es, ciertamente, una ratificación del ministerio apostólico del Nuevo Testamento, pero proviene de una paradoja: el poder de Dios se canaliza a través de la fragilidad y debilidad de la humanidad. Pablo alude a esta paradoja cuando describe su ministerio como teniendo "este tesoro en *vasijas de barro*". Para Pablo, la ratificación más convincente del apostolado es la presencia y operación del poder de la resurrección de Cristo al traer liberación física en esta vida y esperanza de la resurrección en la vida por venir:

> *Pero tenemos este tesoro en vasijas de barro para qué se vea que tan sublime poder viene de Dios y no de nosotros. Nos vemos atribulados en todo, pero no abatidos; perplejos, pero no desesperados; persegui-dos, pero no abandonados; derribados, pero no destruidos. Dondequiera que vamos, siempre llevamos en nuestro cuerpo la muerte de Jesús, para que también su vida se manifieste en nuestro cuerpo.*

> *Pues a nosotros, los que vivimos, siempre se nos entrega a la muerte por causa de Jesús, para que también su vida se manifieste en nuestro*

cuerpo mortal. Así que la muerte actúa en nosotros, y en ustedes la vida. Escrito está: "Creí, y por eso hablé".

Con ese mismo espíritu de fe también nosotros creemos, y por eso hablamos. Pues sabemos que aquel que resucitó al Señor Jesús nos resucitará también a nosotros con él y nos llevará junto con ustedes a su presencia. 2 Corintios 4:7-14

Comentarios finales

Para este autor es interesante que los defensores de la Revolución Apostólica moderna normalmente tracen paralelos con la categoría "Única" de los apóstoles del Nuevo Testamento. Este es el caso, en especial, cuando se reconoce la "autoridad extraordinaria" de los apóstoles modernos. Lo que de alguna manera intriga es el por qué los paralelos están truncados o son superficiales.

Si los apóstoles modernos tienen su apoyo ministerial sobre la base de apóstoles neotestamentarios como Pablo, ¿por qué hay tan poca referencia a la enseñanza paulina sobre el origen, naturaleza y alcance de la autoridad apostólica, o sobre la validación o ratificación del ministerio apostólico? A la luz de este estudio, necesitamos preguntarnos si es que la autoridad apostólica de la categoría única de los apóstoles del Nuevo Testamento se puede duplicar algún día en la iglesia de hoy.

Si respondemos de manera afirmativa, entonces necesitamos ahondar en las implicaciones teológicas para comprender lo singular del canon del Nuevo Testamento. Si nuestra respuesta es un no calificado, y damos lugar a una "autoridad extraordinaria" para los apóstoles modernos, ¿no debería esa autoridad ser templada por el reconocimiento que hizo Pablo de la rendición de cuentas a la iglesia y a su liderazgo?

Al buscar los criterios para la validación apostólica, es obvio que la mayoría de los defensores de la Reforma Apostólica no han lidiado con los textos paulinos. Sus paralelos con el apóstol Pablo, en el mejor de los casos, son superficiales. Lo que ignoran principalmente es la enseñanza de Pablo acerca del propósito detrás de la ratificación por parte de Dios al apostolado de Pablo y el carácter del ministerio apostólico modelado por Pablo en su imitación personal de Cristo.

3

El fundamento
de apóstoles y profetas
por Roger Stronstad

Cuando Pablo enumera los dones que Jesús dio a la iglesia, comienza con apóstoles y profetas. Es lógico que cualquiera que escucha la lectura de Efesios por primera vez, o que lo lee personalmente, entiende estos dos dones por lo que Pablo ha escrito anteriormente sobre ellos en esta carta. Pablo comienza identificándose como apóstol (Efesios 1:1).

Luego sigue identificando a los apóstoles (incluyéndose a sí mismo) y a los profetas como el fundamento de "un templo santo en el Señor", es decir, "la iglesia" (Efesios 2:20,21). Concluye identificando a los apóstoles y profetas como agentes de Dios de una nueva revelación que complementa lo antiguo, es decir, el Antiguo Testamento (Efesios 3:5). Cuando Pablo identifica los dos primeros dones que Jesús dio, se ve claramente que los dones de apóstoles y profetas son dones no repetibles, que se limitan a los Doce (apóstoles) y a Él mismo.

Constituyó a unos, apóstoles

Pablo ordena los dones que Cristo dio a los santos en forma lógica. Estas personas investidas con dones son enviadas (apóstoles), predican y obran en el poder del Espíritu (profetas) como agentes de las buenas nuevas (evangelistas), y subsecuentemente nutren e instruyen a los conversos (pastores y maestros).

También hay una secuencia cronológica general: primeramente apóstoles, luego profetas, lo tercero maestros (1 Corintios 12:28). Históricamente, el apostolado entre los seguidores de Cristo comienza en la era del evangelio (Lucas 6:13), y el ministerio de profetas comienza más tarde, cuando el Espíritu es derramado en el día de Pentecostés (Hechos 2:1-21).

La palabra apóstol, viene del griego *apostolos*. En general, en el Nuevo Testamento la palabra significa "delegado, enviado, mensajero". La palabra apóstol también viene a ser usada como un término técnico para los Doce y para Pablo. Pero el ministerio de "enviados" comenzó antes que los ministerios de los Doce y Pablo. Tanto Juan el Bautista como Jesús son los apóstoles precursores.

Los apóstoles precursores: Juan y Jesús.

El hombre a quien la historia, tanto sagrada como secular, ha identificado como Juan el Bautista fue uno de los notables mensajeros de Dios. Sin embargo, a Juan el Bautista nunca se lo identifica por el título de "apóstol". Sin embargo, la literatura del Nuevo Testamento informa uniformemente que él fungió como el primero de los apóstoles del Nuevo Testamento. Por ejemplo, el evangelista Marcos informa que Juan el Bautista fue el mensajero que Dios anunció por medio de Malaquías: "He aquí yo envío [*apostello*] mi mensajero delante de tu faz" (Marcos 1:2; Malaquías 3:1).

Del mismo modo, aunque el Evangelio de Juan difiere en muchos aspectos de Marcos, el evangelista da una perspectiva idéntica acerca de Juan el Bautista, al escribir: "Hubo un hombre enviado [*apostello*] de Dios, el cual se llamaba Juan" (Juan 1:6). Enviado por Dios para predicar sobre el perdón y para dar testimonio acerca de Jesús (Marcos 1:4; Juan 1:7), Juan el Bautista fungió como el primero de dos apóstoles precursores.

A diferencia de Juan el Bautista, que fungió como un apóstol precursor, aunque no fue explícitamente identificado como apóstol, a Jesús, su primo, se lo identifica con el título "apóstol". A los hebreos, a quienes se dirige la carta que lleva ese nombre, se los exhorta: "...considerad al apóstol y sumo sacerdote de nuestra profesión, Cristo Jesús" (Hebreos 3:1).

Jesús mismo es consciente, de principio a fin de su ministerio, que ha sido enviado por Dios. Por ejemplo, Él cita al profeta Isaías para explicar acerca del Espíritu Santo que recibió en su bautismo: "El Espíritu del Señor está sobre mí, por cuanto me ha ungido para dar buenas nuevas a los pobres; me ha enviado [*apostello*] a sanar a los quebrantados de corazón; a pregonar libertad a los cautivos" (Lucas 4:18; Isaías 61:1). De esta manera, Jesús comienza su ministerio consciente de que Él es tanto el Ungido como el Enviado, es decir, Cristo y apóstol.

Jesús no sólo comienza su ministerio consciente de que Dios lo ha ungido y enviado, sino que también prosigue hasta finalizar su ministerio con esta misma conciencia. Por ejemplo, el evangelista Juan informa repetidamente el conocimiento de Jesús de que era el Enviado:

"Como me envió el Padre..."; "...él me envió"; "...pues no he venido de mí mismo, sino que él me envió" (Juan 6:57; 7:29; 8:42).

Por último, en su llamada oración sacerdotal, Jesús reconoce repetidamente que ha sido enviado: "... que te conozcan a ti, el único Dios verdadero, y a Jesucristo, a quien has enviado" (Juan 17:3 y otros). Claramente, de principio a fin, Jesús sabe a ciencia cierta que Dios lo ha enviado [*apostello*], "... para que el mundo sea salvo por él" (Juan 3:17). Así que, habiendo enviado [*apostello*]a su Hijo para salvar al mundo, Dios en Jesús se convirtió en su propio apóstol [*apostolos*] y este apóstol divino a la vez se convierte en Hacedor de apóstoles.

El fundamento de los apóstoles: los Doce y Pablo.

Cuando escribe a los santos de la iglesia en Éfeso, Pablo les informó que ellos son miembros de la familia de Dios (= un templo santo en el Señor), "edificados sobre el fundamento de los apóstoles y profetas" (Efesios 2:19,20). Este fundamento de los apóstoles se refiere a los Doce y a Pablo mismo.

Los Doce. Temprano en su ministerio, Jesús reunió a sí mismo muchos seguidores. Del grupo más grande de sus primeros discípulos, Jesús designó a doce, "para que estuviesen con él, y para enviarlos [*apostello*] a predicar" (Marcos 3:14). Más tarde, después de que estos discípulos habían estado con Él para presenciar su ministerio, y para aprender a ministrar, Jesús, a su tiempo, "llamó a los doce, y comenzó a enviarlos [*apostello*] de dos en dos" (Marcos 6:7).

No es sino hasta que los Doce regresan de su misión que Marcos, por primera vez en su narrativa, los identifica como apóstoles (Marcos 6:30; compare Lucas 6:13). Los Doce (apóstoles) son la contraparte del nuevo pacto de los doce hijos de Jacob, cuyos descendientes se multiplican a través de las generaciones para convertirse en las doce tribus de Israel. Por consiguiente, la deserción y el posterior suicidio del apóstol Judas destruye la simetría entre las doce tribus de Israel y los once apóstoles restantes. Por esta razón, era necesario reemplazar a Judas para que "tome la parte de este ministerio y apostolado" (Hechos 1:25).

Esta simetría entre las doce tribus de Israel y los doce apóstoles tiene su máximo significado escatológico en la visión de Juan el Vidente de la nueva Jerusalén, con sus doce puertas, en las que había "nombres inscritos, que son los de las doce tribus de los hijos de Israel" y el muro de la ciudad con doce cimientos, sobre los cuales estaban inscritos "los doce nombres de los doce apóstoles del Cordero" (Apocalipsis 21:12,14).

Jesús comisionó a los apóstoles para que sean testigos suyos a todas las naciones, afirmando: "Vosotros sois testigos de estas cosas" (Lucas 24:48). Para esta gran tarea, era imperativo que sean "bautizados con el Espíritu

Santo" y que reciban el poder del Espíritu Santo (Hechos 1:5,8). Su testimonio sería local (Jerusalén), regional (Judea y Samaria), y mundial (hasta lo último de la tierra, Hechos 1:8): el esquema geográfico de los Hechos. Históricamente, comenzó con el poderoso testimonio de Pedro en Jerusalén el día de Pentecostés, inspirado por el Espíritu Santo (Hechos 2:40).

Habiendo recibido el Espíritu, continuaron siendo testigos "con gran poder" (Hechos 4:33). De hecho, el testimonio de los apóstoles fue también el testimonio del Espíritu (Hechos 5:32). Aunque su testimonio era tan variado como las circunstancias en que fue dado, invariablemente tenía una o dos dimensiones, a saber, palabras inspiradas por el Espíritu y obras potenciadas por el Espíritu, o ambas. Lucas informa luego que era así en el testimonio de Pedro y de los otros once apóstoles y que era igualmente cierto en el testimonio potenciado y guiado por el Espíritu del apóstol Pablo (Hechos 13 al 28).

Pablo, apóstol de Jesucristo. El converso Saulo de Tarso (después Pablo) fue el decimotercer apóstol. Pablo era completamente igual a los Doce, pero también fue único en que fue llamado principalmente, aunque no exclusivamente, a ser el apóstol del Señor a los gentiles (Hechos 9:15). Juntamente con los Doce, él es un apóstol que pone el fundamento (Efesios 2:20) y también un agente de la revelación divina (Efesios 3:5). Además, basado en el criterio de que un apóstol debe haber "visto" al Cristo resucitado, Pablo se identifica como el último de los apóstoles a quien se ha aparecido Cristo después de su resurrección (1 Corintios 15:8).

Asediado por los que dudaban, los detractores y los oponentes, Pablo defiende su apostolado de varias maneras. Por ejemplo, al escribir a las iglesias de Galacia, Pablo insiste en que su apostolado no es de origen humano (no de hombres ni por hombre), sino que es de origen divino (por Jesucristo y por Dios el Padre, Gálatas 1:1). Cuando escribió a la iglesia en Corinto, concedió que para otros no era apóstol (1 Corintios 9:2). Insistiendo en que sí era apóstol, Pablo pregunta retóricamente: "¿No he visto a Jesús el Señor nuestro?" (1 Corintios 9:1; compare Hechos 9:1-9).

En una carta posterior a estos mismos corintios, Pablo les recuerda: "Con todo, las señales de apóstol (es decir, Pablo mismo) han sido hechas entre vosotros en toda paciencia, por señales, prodigios y milagros" (2 Corintios 12:12). Por consiguiente, aunque Pablo se considera "el más pequeño de los apóstoles" (1 Corintios 15:9), insiste, sin embargo, que es un verdadero apóstol con los derechos de un apóstol (1 Corintios 9:1-5), porque, como los Doce, ha visto a Jesús (1 Corintios 15:8), y, al igual que los Doce, ha realizado señales y prodigios (compare Hechos 2:43; 5:12).

Los muchos más: apóstoles misioneros y mensajeros.

En el libro de Hechos y en las Epístolas hay pocas, pero significativas, referencias a apóstoles, los cuales no se encuentran entre los Doce y Pablo. Por ejemplo, cuando Lucas relata sobre el primer viaje misionero de los dos profetas y maestros antioqueños, Bernabé y Pablo (Hechos 13:1—14:28), dos veces los identifica como apóstoles (Hechos 14:4,14).

Esta identificación es apropiada porque son enviados [*apoluo*] por la iglesia en Antioquía (Hechos 13:3) y, por cierto, enviados [*ekpempo*] por el Espíritu Santo (Hechos 13:4). El contexto de este primer viaje misionero muestra claramente que Lucas aquí usa el término "apóstol" en el sentido de misionero. Por cierto, tenemos la palabra "misionero" como el equivalente latino no traducido de la palabra griega "apóstol".

Además de los dos apóstoles misioneros, Bernabé y Pablo, en el Nuevo Testamento hay referencia a otros apóstoles. En su carta a los cristianos en Roma, Pablo incluye saludos a Andrónico y a Junia. Éstos son, al parecer, marido y mujer, a quienes Pablo identifica como "... mis parientes y mis compañeros de prisiones, los cuales son muy estimados entre los apóstoles" (Romanos 16:7).

Además, en su primera carta a la iglesia de los tesalonicenses, Pablo incluye con sí mismo a Silvano y a Timoteo (1 Tesalonicenses 1:1; compare Hechos 15:40; 16:1-5) como los apóstoles que les llevaron el evangelio (1 Tesalonicenses 2:6). Pero hay otros mensajeros cristianos [*apostolos*] que, a diferencia de Andrónico y Junia, Silvano y Timoteo, *no deben* ser llamados apóstoles. Éstos incluyen a los delegados anónimos de las iglesias macedonias (2 Corintios 11:23, compare Hechos 20:4), y más tarde, Epafrodito, el mensajero que la iglesia en Filipos envió a Pablo cuando éste estuvo encarcelado en Roma (Filipenses 2:25).

Estos son mensajeros de las iglesias enviados para atender a las necesidades prácticas y no son llamados y enviados por el Padre y Jesús para difundir el evangelio. Excepto por las numerosas referencias a los Doce y a Pablo, los escritores del Nuevo Testamento muestran una sorprendente reserva en identificar a cualquier otra persona como un apóstol. Aparte de los Doce y Pablo, sólo Bernabé, Andrónico y Junia, Silvano y Timoteo son nombrados apóstoles.

No hay evidencia sobre la esencia del apostolado de Andrónico y Junia. Bernabé, Silvano y Timoteo, a veces compañeros de Pablo en sus viajes misioneros, son apóstoles solamente en el sentido de misioneros. Sin excepción, en todos los demás casos donde se nombran, se los identifica por algún otro epíteto o título. Por ejemplo, Lucas identifica a Bernabé como profeta y maestro (Hechos 13:1). Identifica a Silvano/Silas como profeta, y Pedro lo identifica como un hermano fiel (Hechos 15:32; 1 Pedro 5:12). Pablo identifica a Timoteo como su compañero de trabajo, su hijo amado y fiel, y como su hermano (Romanos 16:21; 1 Corintios 4:17; 2 Corintios 1:1).

Más significativo, en los contextos en que Pablo se identifica como apóstol, en ningún momento identifica como apóstoles a sus compañeros, tales como Timoteo (2 Corintios 1:1; Colosenses 1:1; 1 Timoteo 1:1,2; 2 Timoteo 1:1,2). Las implicaciones de esta reserva son convincentes. Aparte de los Doce y Pablo, nadie en el Nuevo Testamento es llamado apóstol, excepto en el sentido secundario de misionero o mensajero.

Esta reserva de los escritores del Nuevo Testamento a identificar a otros como "apóstoles", excepto en casos excepcionales, incluso en el sentido de misionero, demuestra: 1) cuán completamente ellos mismos entendían que el título "apóstol" sólo se aplicaba a los Doce y a Pablo, y 2) que los escritores cuidadosos como Lucas, Pablo, Santiago, Pedro, Juan y Judas no querían confundir a las iglesias utilizando el término en su sentido secundario de misionero. Por lo tanto, que un intérprete moderno identifique a cualquiera aparte de los Trece como apóstoles es inapropiado y confuso.

Él mismo constituyó... a otros, profetas

Históricamente, Jesús dio los dos dones fundamentales y reveladores en orden, primero apóstoles y después profetas. Así como la palabra "apóstol", que es una palabra de préstamo derivada del griego *apostolos,* la palabra "profeta" es una palabra de préstamo tomada del griego *prophetes.* En el Nuevo Testamento, los profetas son hombres y mujeres que hablan y hacen obras milagrosas por la inspiración y el poder del Espíritu Santo.

Así como los ministerios apostólicos "enviados" comenzaron antes que los ministerios de los discípulos de Jesús y de Pablo, los ministerios proféticos fueron renovados entre el pueblo de Dios antes de que el Espíritu de profecía fuera derramado sobre los discípulos en el día de Pentecostés. Dos primos notables, Juan y Jesús, son los profetas precursores del Nuevo Pacto.

Los profetas precursores: Juan y Jesús.

Juan el Bautista y Jesús, los dos primeros mensajeros que Dios envió a Israel en los albores de la nueva época, eran apóstoles en función, aunque raramente se menciona esto por nombre. A su vez, Dios llenó a Juan el Bautista y ungió a Jesús con su Espíritu (Lucas 1:15-17; 3:21,22) para darles poder en obras y palabras. Como resultado de recibir el Espíritu Santo, Juan el Bautista y Jesús, por lo tanto, se convierten en los profetas precursores de la nueva época.

Juan el Bautista. En un momento en que el mundo religioso del pueblo de Dios estaba dominado por sacerdotes, fariseos, saduceos, esenios y zelotes, Juan el Bautista irrumpe en la escena con un antiguo mensaje profético, predicando un bautismo de arrepentimiento para el perdón de los pecados (Lucas 3:3). Como no había habido profeta en Israel por generaciones, Juan el Bautista y su mensaje atrajo grandes multitudes de muchos territorios de las tierras del antiguo Israel.

Tan poderoso fue el ministerio de Juan el Bautista que mucha gente se preguntaba si él podría ser el Mesías/Cristo (Lucas 3:15). Juan el Bautista, sin embargo, no era el Cristo. Por cierto, creció con el conocimiento de que llegaría a ser profeta. El ángel, Gabriel, había informado a su padre Zacarías de que el hijo que iba a nacerle a su esposa Elisabet, ministraría "... con el espíritu y el poder de Elías" (Lucas 1:17).

Después del nacimiento de Juan, Zacarías fue lleno del Espíritu Santo y profetizó acerca de su hijo: "Y tú, niño, profeta del Altísimo serás llamado" (Lucas 1:76). Conforme se desarrollaba el ministerio de Juan, la gente especulaba si él podría ser el escatológico Elías (Malaquías 4:5) o un profeta como Moisés (Deuteronomio 18:15; Juan 1:19-23). Juan, sin embargo, repudió toda esa especulación, insistiendo en que él era simplemente el mensajero escatológico (Isaías 40:3).

Aunque Juan el Bautista repudió las designaciones de que era profeta, Jesús convino con la multitud de que Juan era profeta (Lucas 7:26). Jesús también afirmó que Juan el Bautista era más que un profeta porque, de hecho, era el mensajero mesiánico escatológico (Lucas 7:27).

Este papel de mensajero divino enviado por Dios lo calificó como el mayor de los hombres nacidos de mujeres (Lucas 7:28). Al final, este hijo único engendrado de Zacarías y Elisabet, este primer intrépido profeta de la nueva época, murió a manos de los secuaces de Herodes (Marcos 6:14-29). Así que Juan el Bautista fue el eje de la historia sagrada.

Jesús mismo observó: "La ley y los profetas eran hasta Juan; desde entonces el reino de Dios es anunciado, y todos se esfuerzan por entrar en él" (Lucas 16:16).

Jesús, el profeta ungido. Juan el Bautista fue el primer profeta de la nueva época. Jesús, su sucesor, fue el segundo profeta, y tal como que era un apóstol mayor que Juan el Bautista, era también un profeta mayor que Juan. Aunque el apostolado de Juan y de Jesús era implícito, ya que ambos fueron enviados por Dios, la calidad de profeta de Jesús, como la de Juan el Bautista, era explícita.

Al comienzo de su ministerio público, Jesús se identifica como profeta (Lucas 4:24). También, en la ciudad de Naín, cuando resucitó a un joven de entre los muertos, el pueblo lo aclamó como un gran profeta (Lucas 7:16). Además, Jesús viajó a Jerusalén, consciente de que morirá allí como un profeta rechazado (Lucas 13:33-35). Después de su arresto, los soldados, sin duda conscientes de su reputación como profeta, se burlaron de Él como profeta (Lucas 22:63-65).

Por fin, después de su muerte, dos de sus discípulos angustiados se acuerdan de Él como "varón profeta, poderoso en obra y en palabra delante de Dios y de todo el pueblo" (Lucas 24:19).

Claramente, de principio a fin, Jesús no sólo sabe que Él ministra como profeta, sino que entre amigos y enemigos tiene la reputación de ser profeta. Jesús es profeta desde el principio de su ministerio público, porque cuando el Espíritu Santo descendió sobre Él (Lucas 3:22), Dios lo ungió para un ministerio carismático (Lucas 4:18,19; Isaías 61:1).

Por consiguiente, Jesús estaba lleno del Espíritu, fue guiado por el Espíritu y tuvo el poder del Espíritu (Lucas 4:1,14). Las experiencias inaugurales de Jesús del Espíritu no son experiencias únicas. Más bien, son para todo su ministerio.

En otras palabras, todo lo que Jesús hizo después de sus experiencias inaugurales del Espíritu, todas sus obras y palabras de ministerio, son ungidas por el Espíritu, llenas del Espíritu, guiadas por el Espíritu y hechas en el poder del Espíritu. Por lo tanto, de principio a fin, Jesús es un profeta carismático ungido por el Espíritu. Así que, habiendo puesto su Espíritu sobre su Hijo en el Jordán, Dios, en Jesús, se convierte en su propio profeta. Asimismo, Aquél que es el profeta divino también se convierte en el Hacedor de profetas.

A lo largo de su ministerio, pero sobre todo entre su resurrección y su ascensión, Jesús prepara repetidamente a sus discípulos para que reciban el Espíritu Santo. Los anima a orar para recibir el don del Espíritu (Lucas 11:13). Les asegura que el Espíritu les dará palabras de defensa cuando sean llevados ante jueces (Lucas 12:11,12; 21:15). Además, cuando reciban el Espíritu, serán revestidos de poder (Lucas 24:49; Hechos 1:8).

Esto significa que cuando el Jesús recientemente ascendido derrame el Espíritu de profecía sobre los discípulos (Hechos 2:17-21), ellos habrán sido bautizados con el Espíritu Santo (Hechos 1:4,5). Por tanto, comenzando con el día de Pentecostés seguido a la Pascua, los discípulos se convierten en una comunidad de profetas bautizados por el Espíritu, llenos del Espíritu y autorizados por el Espíritu. En consecuencia, esta comunidad de profetas bautizados por el Espíritu llega a ser el fundamento de la cada vez mayor y más extendida comunidad carismática.

El fundamento de profetas: los Doce y Pablo.

En el día de Pentecostés Jesús comenzó a extender su ministerio, que había terminado en Jerusalén cincuenta días antes. A través de sus discípulos, comienza en Jerusalén, para alcanzar hasta los confines de la tierra. Lo hizo al derramar el Espíritu Santo sobre la compañía de discípulos que esperaban la Promesa. Este derramamiento del Espíritu fue una transferencia del Espíritu de sí mismo, el profeta único ungido por el Espíritu, a los discípulos (Hechos 2:33).

Jesús bautizó a sus discípulos con el Espíritu Santo, como lo expresó su predecesor, Juan el Bautista (Hechos 1:4,5 y Lucas 3:16). El propósito de transferir el Espíritu de sí mismo a sus discípulos era darles poder, de modo que sean testigos, comenzando en Jerusalén y extendiéndose hasta los confines de la tierra (Hechos 1:8).

Por consiguiente, de la misma forma en que Dios transfirió el Espíritu de Moisés a los setenta ancianos al comienzo de la era del pacto en el monte Sinaí (Números 11:25-29), extendiendo así el ministerio de poder del Espíritu de Moisés, asimismo Jesús transfirió el Espíritu de sí mismo a sus ciento veinte discípulos al comienzo de la época del nuevo pacto, extendiendo de tal modo su propio ministerio lleno del Espíritu, guiado por el Espíritu y autorizado por el Espíritu.

Al recibir el Espíritu Santo en ese primer día de Pentecostés, los discípulos llegan a ser bautizados con el Espíritu, capacitados con poder del Espíritu y llenos del Espíritu de profecía (Hechos 1:5,8 y 2:4). Pedro explica la manifiesta recepción del Espíritu apelando a un antiguo oráculo del profeta Joel (Hechos 2:14-21).

Según este oráculo, el derramamiento del Espíritu:

1) es escatológico; es decir, un derramamiento del Espíritu en los "últimos días".

2) es el Espíritu de la profecía.

3) es de alcance general, es decir, para recibir el Espíritu no hay barreras de edad, de género o de estrato social.

4) es atestiguado por prodigios arriba en los cielos y señales abajo en la tierra (cf. Hechos 2:2-4), y

5) resulta en un glorioso día de salvación (cf. Hechos 2:41).

Así como la experiencia inaugural de Jesús del Espíritu fue programática para todo su ministerio como un profeta ungido por el Espíritu, también la experiencia inaugural del Espíritu que tuvieron los discípulos fue programática para todos sus ministerios como profetas bautizados por el Espíritu.

Los Doce. Aunque el Espíritu de profecía fue derramado sobre toda la compañía de los ciento veinte discípulos en el día de Pentecostés, la historia de Lucas de esta comunidad carismática se centra principalmente, aunque no exclusivamente, en el ministerio de los doce apóstoles en Jerusalén. Por ejemplo, en los días posteriores al Pentecostés, los apóstoles enseñaron a aquellos que habían sido recientemente salvos (Hechos 2:42). Además, hicieron muchas señales y prodigios, es decir, milagros, confirmando su testimonio de que Jesús era tanto Señor y Cristo (Hechos 2:43; 5:12-16).

Puesto que los apóstoles, llenos del Espíritu, testifican más de una vez acerca de Jesús, sienten el peso de la persecución oficial contra los discípulos (Hechos 4:1-22; 5:17-42; 12:1-12). Cuando el evangelio se extiende por primera vez fuera de Jerusalén a Samaria y luego a Antioquía de Siria, los apóstoles envían a Pedro y a Juan, y a Bernabé, respectivamente, a estos nuevos conversos (Hechos 8:14-25; 11:19-26). De esta forma, el ministerio de los apóstoles, a saber, su testimonio, su enseñanza y sus milagros, es el fundamento de la iglesia en Jerusalén y más allá.

Si la narrativa de Lucas sobre el origen y la propagación de la comunidad carismática se centra en los doce apóstoles y no en todos los discípulos llenos del Espíritu, su narrativa acerca del ministerio de los apóstoles se centra más en Pedro que en los demás.

Por ejemplo, aprovechando la oportunidad que le brinda la muchedumbre asombrada, desconcertada y burlona (Hechos 2:5-13), Pedro, lleno del Espíritu Santo [cf. *apophthengomai*, 2:4,14], da una interpretación y aplicación carismática de la Escritura (Hechos 2:17-21), seguida por un testimonio lleno de Espíritu acerca de Jesús (Hechos 2:22-41).

Además, Pedro es el agente de sanidad para los hombres cojos, tanto en Jerusalén como en Lida (Hechos 3:1-10; 9:32-35). No sólo esto, sino que Pedro resucita a una mujer de entre los muertos (Hechos 9:36-43). Este es uno de los milagros más notables realizados por profetas carismáticos, tales como Elías, Eliseo y Jesús (1 Reyes 17:17ss; 2 Reyes 4:34ss; Lucas 7:14ss).

Finalmente, es por medio de Pedro que los creyentes en Samaria reciben el Espíritu, y es el representante que Dios usa para que el gentil Cornelio y su casa sean bautizados con el Espíritu (Hechos 8:14-17; 10:1–11:18).

Por consiguiente, Pedro, el profeta bautizado con el Espíritu, lleno del Espíritu, autorizado por el Espíritu, y guiado por el Espíritu ministra en Jerusalén, en Samaria y en la Judea occidental. Pedro ministra a judíos, a samaritanos y a gentiles. De hecho, Pedro es el primer y gran héroe de Lucas y es el apóstol cuya experiencia del Espíritu y cuyo ministerio profético es la norma por la cual es narrado el ministerio de Pablo.

Pablo. El hombre que en sus cartas regularmente se identifica como "apóstol", aparece primero en Hechos como un joven llamado Saulo, celoso y asesino perseguidor de la iglesia en Jerusalén y más allá (Hechos 7:58; 8:1-3; 9:1,2). Su conversión es una de las más sorprendentes en la historia del cristianismo y es efectuada por un encuentro con Cristo. Mientras va camino a Damasco, este fiero enemigo de la iglesia se encuentra con el Jesús resucitado en una confrontación cegadora (Hechos 9:3-9). Como resultado, el celo de Saulo será canalizado en la difusión del evangelio en lugar de obstaculizarlo.

Los dos primeros hechos que Lucas relata acerca de Saulo como discípulo son: 1) que Saulo es el instrumento escogido por Dios para testificar acerca de Jesús ante los gentiles, y 2) que será lleno del Espíritu Santo (el término técnico de Lucas para la inspiración profética [compare Lucas 1:67]).

Por consiguiente, tal y como Pedro y los otros discípulos fueron antes llenos del Espíritu para realizar su testimonio profético a los judíos, Saulo será lleno del Espíritu para realizar su testimonio profético a los gentiles.

La oposición a su testimonio sobre Jesús que amenazó su vida, primero en Damasco y luego en Jerusalén, obliga a Saulo a buscar seguridad en su ciudad natal de Tarso (Hechos 9:19-29). Después de muchos años, Bernabé, ahora líder de la iglesia en Antioquía de Siria, añade a Pablo a su equipo de liderazgo (Hechos 11:25,26). Es cuando Pablo está en Antioquía que Lucas lo identifica como profeta, una función que fue insinuada en su experiencia de haber sido lleno del Espíritu Santo (Hechos 13:1; compare 9:17).

Lucas relata tres giras evangélicas hechas por el profeta Pablo y sus diversos compañeros, quienes también son profetas (Hechos 13:1ss). Estos viajes itinerantes proféticos son iniciados y dirigidos por el Espíritu Santo (Hechos 13:1-3; 16:6-8). En los puntos clave de su ministerio, Pablo es lleno del Espíritu, como cuando este verdadero profeta dirige palabras de juicio contra Barjesús, un falso profeta judío, o después de que él y los discípulos han sido perseguidos (Hechos 13:9-22). Frente a la oposición, Pablo y Bernabé hablan con audacia (Hechos 13:46; 14:3), una cualidad que desde el principio del relato de Lucas se asocia con la llenura del Espíritu (Hechos 4:31).

Dios concedió que se hicieran señales y maravillas a través de estos profetas (Hechos 14:3, y otros). Uno de los prodigios más notables fue la curación del hombre cojo en Listra (Hechos 14:8-14). El milagro más notable de todos fue cuando Pablo resucita a un joven de entre los muertos (Hechos 20:7-12). De tal modo, Pablo el profeta y sus compañeros ministran en las tierras gentiles de la misma forma en que los apóstoles profetas habían ministrado anteriormente en Jerusalén, Samaria y Judea.

Los muchos más: el don de profecía.

Las cartas de Pablo dan una imagen similar de él a la que da Lucas en su narrativa en Hechos. Por ejemplo, en lo que muchos intérpretes consideran ser la primera carta de Pablo, él pregunta retóricamente: "Aquel, pues, que os suministra el Espíritu, y hace maravillas entre vosotros, ¿lo hace por las obras de la ley, o por el oír con fe?" (Gálatas 3:5).

Cuando escribe a la iglesia en Tesalónica les recuerda: "... pues nuestro evangelio no llegó a vosotros en palabras solamente, sino también en poder, en el Espíritu Santo" (1 Tesalonicenses 1:5). En esta misma carta, él da una revelación profética ("Por lo cual os decimos esto en palabra del Señor...", 1 Tesalonicenses 4:15). Concluye su carta, ordenando: "No apaguéis al Espíritu. No menospreciéis las profecías" (1 Tesalonicenses 5:19,20).

Poco después de evangelizar en la ciudad de Tesalónica, Pablo viajó hacia el sur a Acaya, donde fundó una iglesia en Corinto. Al principio de su primera carta a esta iglesia, él observa que "... nada os falta en ningún don" (1 Corintios 1:7; cf. 12:1-11). Al parecer, la profecía fue uno de los dones más prominentes en la iglesia de Corinto (1 Corintios 11:5; 12:10; 14:1ss) Además, en retrospectiva, Pablo resume su ministerio profético cuando escribe a la iglesia en Roma:

> *Porque no osaría hablar sino de lo que Cristo ha hecho por medio de mí para la obediencia de los gentiles, con la palabra y con las obras, con potencia de señales y prodigios, en el poder del Espíritu de Dios; de manera que desde Jerusalén, y por los alrededores hasta Ilírico, todo lo he llenado del evangelio de Cristo.* Romanos 14:18,19

Aquí Pablo, conscientemente o inconscientemente, identifica su ministerio de predicar el evangelio con términos idénticos a los que se usan para describir a los profetas Jesús y Moisés (Hechos 2:22; 7:36 [maravillas, prodigios y señales]). En otras palabras, Pablo comprendió que su predicación del evangelio en el mundo mediterráneo era una actividad profética. De hecho, de principio a fin, él era un profeta itinerante lleno del poder del Espíritu, y las iglesias que él fundaba eran comunidades carismáticas y proféticas.

La evidencia de profetas y de profecía en el Nuevo Testamento es incompleta y circunstancial. Sin embargo, es clara. Desde la manifestación de profecía que Lucas narra al principio de su Evangelio hasta la experiencia del Espíritu en el Apocalipsis que tuvo Juan el Vidente; desde Agabo hasta Zacarías; desde Mateo hasta el Apocalipsis, el pueblo de Dios, sus líderes y su literatura, son proféticos.

Evangelistas, pastores y maestros

Además de los dos dones proféticos de fundamento, es decir, apóstoles y profetas (Efesios 2:20; 3:5) y sus homólogos no fundamentales o proféticos, Pablo identifica tres dones no fundamentales o proféticos. Estos son: "a otros, evangelistas; a otros, pastores y maestros".

Él mismo constituyó... a otros, evangelistas.

Al igual que las palabras "apóstol" y "profeta", la palabra "evangelista" es un préstamo de la lengua griega. Aparece en nuestras biblias en español como la transliteración de la palabra griega *euangelistes*. Traducida, la palabra significa "proclamador del evangelio".

El don de evangelista es el menos mencionado de los cinco que Pablo enumera en Efesios 4:11, haciéndose referencia a él sólo tres veces en el Nuevo Testamento (Hechos 21:8; Efesios 4:11; 2 Timoteo 4:5). Además de estas pocas referencias, este don puede estar implícito a veces en el verbo de predicar el evangelio, o de evangelizar.

Los precursores evangelistas: Juan y Jesús.

Ya hemos observado que Juan el Bautista y Jesús fungieron como apóstoles y profetas precursores. Asimismo, aunque a ninguno de ellos se lo identifica por el término "evangelista", ambos fungen como evangelistas, es decir, como predicadores del evangelio.

Lucas usa el verbo, predicar el evangelio, para describir los ministerios de Juan el Bautista y de Jesús, respectivamente. Por un lado, Lucas concluye su narrativa sobre el ministerio de Juan el Bautista a Israel, informando: "Con estas y otras muchas exhortaciones anunciaba las buenas nuevas al pueblo" (Lucas 3:18). Por otro lado, Lucas presenta el ministerio ungido por el Espíritu de Jesús, informando que Jesús participó en el servicio de la sinagoga en su ciudad natal, Nazaret.

Al ser invitado a dar la lectura de los Profetas, Jesús lee: "El Espíritu del Señor está sobre mí, por cuanto me ha ungido para dar buenas nuevas a los pobres" (Lucas 4:18; Isaías 61:1). Jesús sigue este modelo de principio a fin en todo su ministerio público (Lucas 4:18,43; 7:22; 8:1; 16:16; 20:1).

Por consiguiente, por medio de su Hijo, Jesús, Dios se convierte en su propio evangelista. A su vez, este evangelista divino también se convierte en el Hacedor de evangelistas.

Felipe el evangelista. El término "evangelista" se usa por primera vez para identificar a Felipe, no el apóstol de ese nombre (Lucas 6:14), sino el que figura entre los siete diáconos (Hechos 6:5). Inicialmente, se conoce a Felipe como uno de los diáconos recién nombrados [*diakonos*] en Jerusalén, cuya responsabilidad era distribuir alimento a las viudas necesitadas en la iglesia de allí. El martirio de Esteban obliga a Felipe a huir de la ciudad; y, como resultado, su función cambió de servicio administrativo a predicador de la palabra, es decir, a la evangelización.

Felipe primero bajó a Samaria, donde con eficacia predicó las buenas nuevas del reino de Dios (Hechos 8:12), con el resultado de que muchos creyeron y fueron bautizados. Un poco más tarde, Felipe sale de Samaria y viaja al sur a lo largo del camino que lleva a Gaza. Allí, el Espíritu lo dirige a que se acerque al carro de un funcionario de la corte etíope que regresaba de Jerusalén. "Entonces Felipe, abriendo su boca, y comenzando desde esta escritura, le anunció el evangelio de Jesús" (Hechos 8:35).

Luego, después de dejar al funcionario de la corte, Felipe "se encontró en Azoto; y pasando, anunciaba el evangelio en todas las ciudades, hasta que llegó a Cesarea" (Hechos 8:40). Aparentemente, Felipe se estableció en Cesarea porque, dos décadas después, Pablo y sus compañeros visitaron en Cesarea a Felipe el evangelista, que era uno de los siete (Hechos 21:8). Así que, después de que Felipe hubo hecho la obra de un evangelista, Lucas lo identifica con ese título.

Pablo el evangelista. Inicialmente, Lucas identifica al convertido Saulo de Tarso, como "profeta y maestro" (Hechos 13:1). Más adelante, también identificará a Pablo como "apóstol", en el sentido de misionero (Hechos 14:4,14). Pero, como Felipe, Pablo también hace la obra de un evangelista. De hecho, para Pablo, hacer la obra de evangelista llega a ser la misión principal de su primer viaje misionero (Hechos 13:1–14:24).

Por consiguiente, Lucas relata: en Antioquía de Pisidia, Pablo predica las buenas nuevas en la sinagoga; en Iconio sigue predicando el evangelio; en Listra, predica el evangelio; y en Derbe, también predica el evangelio (Hechos 13:32; 14:7,15,21).

Finalmente, al volver a Antioquía de Siria, continúa enseñando y predicando el evangelio (Hechos 15:35). El informe de Lucas hace explícito y enfático que lo que más tarde se ha denominado el "primer viaje misionero" de Pablo debe, en realidad, y más apropiadamente, ser llamado su "primer viaje evangelístico".

Las epístolas de Pablo ilustran, complementan y confirman que el retrato de Lucas de su ministerio es acerca del evangelismo, de predicar el evangelio en todo el mundo grecorromano. Por ejemplo, este es un énfasis principal en sus epístolas a las iglesias de Galacia, Corinto, Roma y Éfeso.

En estas cartas, Pablo insiste en que fue llamado a predicar el evangelio a los gentiles (Gálatas 1:16; Efesios 3:18). Él reconoce que su llamado es de gracia (Efesios 3:8). También insiste, vehementemente, que su evangelio es de origen divino más que humano (Gálatas 1:11,16). Finalmente, recuerda a la iglesia de Corinto que les predicó el evangelio "gratuitamente" (1 Corintios 9.8; 2 Corintios 11:17).

Él mismo constituyó... a otros, pastores (y maestros).

Pablo concluye su lista de las personas constituidas por el Señor identificando a "pastores y maestros". Gramáticamente, la frase "pastores y maestros" identifica a una persona constituida que ejerce dos funciones complementarias. En otras palabras, aunque los maestros no necesitan ser pastores, los pastores deben ser maestros "aptos para enseñar". Sin embargo, para este análisis, comentaremos acerca de los pastores y los maestros individualmente y por separado en vez de hacerlo ambos juntos.

A diferencia de las palabras "apóstol", "profeta" y "evangelista", que son palabras no traducidas sino prestadas de la lengua griega, la palabra "pastor" es traducción de la palabra griega *poimen*. Esta palabra griega también puede traducirse como "pastor de ovejas". En otras palabras, como traducción de *poimen*, las palabras "pastor" y "pastor de ovejas" son sinónimas, que describen a la persona que pastorea ovejas. La referencia a pastores aparece en el Nuevo Testamento comenzando con Jesús, el pastor precursor, y aparte de los Evangelios en Efesios 4:11; Hebreos 13:20; y 1 Pedro 2:25.

El pastor precursor: Jesús.

Juan el Bautista y Jesús son los precursores de los tres primeros "ministerios" que Pablo identifica en Efesios 4:11. En otras palabras, tanto Juan el Bautista como Jesús pueden ser clasificados como precursores o prototipos de los apóstoles, los profetas y los evangelistas. Juan el Bautista, sin embargo, no es un prototipo de los pastores. Jesús no sólo es el gran precursor y prototipo de los pastores, sino también el gran "buen pastor".

En los Evangelios sinópticos, Jesús observa que las multitudes son como ovejas sin pastor. Siente compasión de ellas porque están abatidas y dispersas (Mateo 9:36). Por lo tanto, motivado por la compasión por esta multitud sin pastor, "comenzó a enseñarles muchas cosas", y posteriormente alimentó a esta multitud, de cinco mil hombres (Marcos 6:34,35).

En otra ocasión, Jesús refiere la parábola acerca del pastor que valora tanto a la oveja perdida de su rebaño de cien que, a gran inconveniente y riesgo para él mismo, busca lo que estaba perdido hasta encontrarlo (Lucas 15:3-9). Jesús es el pastor de la parábola (Lucas 15:1,2). Por último, en cumplimiento de una profecía pronunciada por Zacarías, cuando Jesús el pastor sea herido (crucificado), las ovejas (los apóstoles y otros discípulos) serán dispersadas (Mateo 26:31; Marcos 14:27; Zacarías 13:7).

En el Evangelio de Juan, Jesús se identifica como el buen pastor (Juan 10:11-16). Así como en los otros "Yo soy", tales como "Yo soy el pan de vida" y "Yo soy la luz del mundo" (Juan 6:8; 8:12), la frase "Yo soy el buen pastor" es enfática. Aquí, Jesús afirma: yo (y sólo yo) soy (el único) buen pastor (Juan 10:11,14). Jesús es el buen pastor, no sólo porque conoce a su rebaño, sino también porque sus ovejas lo conocen (Juan 10:14). Sobre todo, Jesús califica como el buen pastor, porque Él da su vida por las ovejas (Juan 10:11,15). Además, tiene otras ovejas (creyentes gentiles) que Él unirá con su actual redil (creyentes judíos) para hacer un rebaño con un solo pastor (Juan 10:16).

Una vez más, observamos que Dios, en la persona del buen pastor, se convierte en su propio pastor, que nutre y protege a sus propias ovejas, e incluso se sacrifica por ellas. Además, el divino Buen Pastor también se convierte en el Hacedor de pastores. Como Pablo escribe, Él, es decir, Jesús, constituye a algunos... pastores. En el mundo de los tiempos del Nuevo Testamento, la metáfora de pastor no necesitaba explicación. En el contexto de la iglesia de Éfeso, los ancianos habrían recordado la comisión que Pablo les dio años antes: "Por tanto, mirad por vosotros, y por todo el rebaño ... para apacentar la iglesia del Señor" (Hechos 20:28).

Además, conforme fueron escritos y circularon los Evangelios, como el de Juan, los lectores habrían recordado la comisión de Jesús a Pedro: "Apacienta mis corderos", "pastorea mis ovejas", "apacienta mis ovejas" (Juan 21:15-17). Para los hebreos, muy inclinados a divagar, a alejarse y a retroceder, el escritor concluye sus palabras de exhortación con una bendición, en que escribe:

Y el Dios de paz que resucitó de los muertos a nuestro Señor Jesucristo, el gran pastor de las ovejas, por la sangre del pacto eterno, os haga aptos en toda obra buena para que hagáis su voluntad, haciendo él en vosotros lo que es agradable delante de él por Jesucristo; al cual sea la gloria por los siglos de los siglos. Amén. Hebreos 13:20,21

El mismo constituyó... maestros.

Al igual que la palabra "pastor", con la que a veces se vincula la palabra "maestro", en nuestra biblia la palabra "maestro" es una palabra traducida.

La palabra griega para maestro es *didaskalos*. En el Nuevo Testamento griego, *didaskalos* traduce las palabras hebreas *rab* (maestro) y *rabbi* (mi señor), palabras que se convirtieron en el título honorífico de "maestro".

En el Nuevo Testamento, la palabra "maestro" más comúnmente se usa en los Evangelios para identificar a Jesús. Además del uso en los Evangelios, se usa una vez en Hechos, siete veces en las Epístolas Paulinas, una vez en Hebreos, y también en Santiago. El cognado "enseñar" se usa con más frecuencia que el título "Maestro".

Los maestros precursores: Juan el Bautista y Jesús.

Tanto Juan el Bautista como Jesús fueron apóstoles, profetas y evangelistas precursores. Pero Juan el Bautista no fue un prototipo de pastor. Ambos, sin embargo, fueron maestros precursores.

Juan el Bautista. Juan el evangelista informa que antes de que Juan el Bautista fuera encarcelado, algunos de sus discípulos vinieron a él y le informaron: "Rabí, mira que el que estaba contigo al otro lado del Jordán, de quien tú diste testimonio, bautiza" (Juan 3:26). Anteriormente, en su narrativa, Juan el evangelista ya ha explicado que el título "Rabí", cuando se traduce al griego, significa "Maestro" (Juan 1:38).

Lucas informa que algunos recaudadores de impuestos que vinieron a Juan el Bautista para ser bautizados, le preguntaron: "Maestro, ¿qué haremos?" (Lucas 3:12). Por consiguiente, aunque a Juan el Bautista no se lo identifica como "pastor y maestro", funge como "profeta y maestro" (como más tarde lo hacen Bernabé y Saulo, Hechos 13:1).

Jesús. Los Evangelios presentan a Jesús como el maestro por excelencia. Por ejemplo, mostrando esa sabiduría que lo caracterizó desde su temprana juventud (Lucas 2:52), Jesús inicialmente adoptó el papel de fariseo como maestro en la sinagoga. Por consiguiente, como etapa final de su compleja inauguración pública, a saber, su bautismo y la tentación en el desierto, Jesús comienza a recorrer los pueblos y las ciudades de Galilea, enseñando en sus sinagogas (Lucas 4:15).

De inmediato demuestra ser un maestro sin igual ni rival; pero desde el comienzo de su ministerio público, compite con los fariseos, porque Él enseñaba como quien tiene autoridad (Marcos 1:22). Esto asombró a las multitudes de la sinagoga, pero enojó y alejó a los escribas y fariseos, y ganó su implacable y asesina hostilidad (Marcos 3:1-6).

La enseñanza de Jesús es compleja y radical. El tema principal de su enseñanza es el reino de Dios y la necesidad de que el pueblo de Dios persiga la vida recta (por ejemplo, Mateo 5 al 7). Jesús también enseña acerca de la justicia social hacia los marginados de la sociedad, los pobres y los oprimidos, incluidas las mujeres y los samaritanos.

Cuando empieza a acercarse el fin de su ministerio público, Jesús enseña cada vez más a sus discípulos acerca del Espíritu Santo (el Paracleto, Juan 14 al 16), a quien Él les enviará para ser su álter ego. Él también constantemente enfatiza que el reino de Dios, que Él inauguró a través de su ministerio, es más que una realidad presente. Es también una realidad venidera.

Tan de cerca se presentó Jesús a Israel como un maestro que esto se convierte en el papel por el cual otros lo identificaron. Por ejemplo, sus discípulos le hablan regularmente como Maestro (Marcos 4:38; 9:38; 10:35; 13:1). Del mismo modo, los que acuden a Jesús para pedir ayuda a menudo se dirigen a Él como Maestro (Marcos 9:17; 10:17). Sus enemigos, como los fariseos, los saduceos y los escribas, se dirigen a Él como Maestro (Marcos 12:14,19,32).

Su ministerio y la forma en que la gente se dirige a Él muestran que en Jesús Dios se ha convertido en su propio maestro para Israel. Pero el ministerio de Jesús dura poco; y Jesús, el incomparable Maestro de Dios a Israel, se convierte en el Hacedor de maestros. Para convertirse en el Hacedor de maestros, Jesús primero debe convertirse en el Hacedor de discípulos. Él comienza este proceso al inicio de su ministerio, rodeándose de alumnos (discípulos), así como un rabino se rodeaba de alumnos (Juan 1:38).

Jesús instruye a sus alumnos sobre la relación de maestro a alumno (discípulo). Les enseña públicamente y en privado (explicando en privado aquello de su enseñanza pública que no han entendido). Él también disciplina a sus discípulos por su insensibilidad espiritual y falta de comprensión (Marcos 8:17-21; Lucas 24:25-27). Además, debido a que las cosas espirituales deben ser entendidas espiritualmente, Jesús "… les abrió el entendimiento, para que comprendiesen las Escrituras" (Lucas 24:45).

En una o dos ocasiones, Jesús envía a sus discípulos para que dupliquen su ministerio (Lucas 9:1-7; 10:17-20). Finalmente, avanzando de Hacedor de discípulos, Jesús se convierte en el Hacedor de maestros. Les ordena:

Por tanto, id, y haced discípulos a todas las naciones… enseñándoles que guarden todas las cosas que os he mandado. Mateo 28:19,20

Los Hechos y las Epístolas ilustran este papel de enseñanza que Jesús transfirió de sí mismo a sus discípulos.

Los Doce y otros.

Lucas inicia su segundo libro sobre el origen y la difusión del evangelio recordando a su (presunto) patrocinador, Teófilo, que su primer libro fue "acerca de todas las cosas que Jesús comenzó a hacer y a enseñar" (Hechos 1:1). Muchos lectores de la secuela del primer libro de Lucas, a saber, los Hechos de los Apóstoles, deducen que su segundo libro es "acerca de todo lo que *los discípulos* siguieron haciendo y *enseñando*".

Una lectura de Hechos confirma cuán acertada es esta deducción. El ministerio de enseñanza de los apóstoles sigue de inmediato después del éxito evangelístico en el día de Pentecostés, cuando "se añadieron aquel día como tres mil personas" (Hechos 2:41). Inmediatamente, estos nuevos cristianos judíos "perseveraban en la doctrina de los apóstoles..." (Hechos 2:42).

En su narrativa del Pentecostés, Lucas había informado anteriormente en forma resumida un ejemplo de la enseñanza los apóstoles, es decir, de Pedro, acerca de: 1) el ministerio público carismático de Jesús; 2) la crucifixión de Jesús; y 3) la resurrección de Jesús (Hechos 2:22-24). Este triple resumen acerca de Jesús no es más que un resumen de los acontecimientos que Lucas había enseñado a Teófilo en su primer libro.

Cualquiera que sea la variedad de énfasis y términos que caracteriza la enseñanza posterior en la iglesia primitiva, incluía parte o todo el registro "evangélico" según Mateo, Marcos, Lucas o Juan.

En la narrativa de Lucas, el papel del maestro no se limita a los apóstoles. Por ejemplo, Bernabé y Pablo, tanto en equipo como individualmente, tienen un amplio ministerio de enseñanza. Por consiguiente, después de que Bernabé trajo a Pablo de Tarso a Antioquía de Siria, "se congregaron allí todo un año con la iglesia, y enseñaron a mucha gente" (Hechos 11:26).

Por lo tanto, el lector de Lucas no se sorprende cuando él más tarde vuelve a mencionar a Bernabé y Pablo en su narrativa, y los identifica como "profetas y maestros" (Hechos 13:1).

Siempre que las circunstancias lo permiten, Pablo desarrolla un extenso o largo ministerio de enseñanza. No sólo enseña durante un año en la iglesia de Antioquía, sino que también enseña durante dieciocho meses en la iglesia de Corinto, durante dos años en la iglesia de Éfeso, y por dos años bajo arresto domiciliario en Roma (Hechos 11:26; 18:11; 20:20; 28:31). Estos datos ilustran que, si bien el evangelismo y la fundación de iglesias pueden ocurrir rápidamente, la enseñanza es un proceso largo. De hecho, es tan prolongado como la vida de la iglesia.

Los falsos maestros surgieron en la primera generación de la historia de la iglesia. Ellos mismos se designaron como maestros. Pero los verdaderos maestros siempre son nombrados por Jesús. Él comisionó a los Doce para que enseñaran (Mateo 28:19,20). Dios puso en la iglesia apóstoles, profetas y maestros (1 Corintios 12:28). Para complementar la obra de Dios, Jesús dio dones, constituyendo pastores y maestros (Efesios 4:8,11). Para la tarea de discipulado de la iglesia, ningún ministerio es más importante que el don complementario de "pastor y maestro", o "pastor maestro".

Epílogo

El tema de los dones, ya sea los dones carismáticos (por ejemplo, 1 Corintios 12:8-12), o las personas investidas con dones (por ejemplo, Efesios 4:11), es demasiado amplio y complejo para comentarlo adecuadamente en un breve estudio como éste. Pero antes de concluir este comentario, voy a tratar algunos principios observaciones generales que surgen de los datos del Nuevo Testamento sobre los dones del Espíritu. En concreto, me concentraré en cinco observaciones generales. Por consiguiente, los dones:

1) son cristológicos, 2) son carismáticos, 3) no tienen género, 4) se superponen, y 5) tienen propósito.

Los dones se centran en Cristo.

Juan el evangelista escribió acerca de Jesús: "Porque de tal manera amó Dios al mundo, que ha dado [*edoken*] a su Hijo unigénito" (Juan 3:16). Usando el mismo verbo de la misma manera, Pablo el apóstol escribe: Jesús "dio dones a los hombres" (Efesios 4:8), es decir, apóstoles, profetas, evangelistas, y pastores y maestros (Efesios 4:11). Por consiguiente, las personas dadas como "dones" a la iglesia tienen su fuente en Jesús, que es tanto el Don como el Dador de dones.

Por lo tanto, aquel que es el don "salvador" para el mundo es Él mismo, a su vez, el dador de dones de ministerio a la iglesia. Además de ser la fuente de los dones, Jesús es también el prototipo de los dones. Él es el enviado de Dios; es el portavoz de Dios; es el portador de las buenas nuevas; es el buen pastor; y es el maestro por *excelencia* de Israel. En tiempos del Nuevo Testamento, Jesús fue el precursor apóstol, profeta, evangelista, pastor y maestro.

Jesús no es sólo la fuente de las personas dadas como "dones", y no es sólo el prototipo para el servicio de ellos, sino que también es el objeto de ese servicio. Los apóstoles son *sus* mensajeros; los profetas son *sus* portavoces; los evangelistas son *sus* agentes de las buenas nuevas; los pastores pastorean a las ovejas de Jesús; y los maestros instruyen a *sus* seguidores.

Ninguna función adecuada de estos dones o una evaluación de su motivación, carácter y eficacia es posible aparte de este centro cristológico en que Jesús es la fuente, el prototipo y el objeto de los dones.

Los dones son carismáticos. Los dones han sido dados por Cristo, pero son vivificados por el Espíritu Santo y de Él reciben su poder. Realmente no podría ser de otra manera, porque Jesús, el don de Dios al mundo, ministró con la unción, la plenitud, la dirección y el poder del Espíritu (Lucas 3:22; 4:1,14).

Lo que se ve en el ministerio de Jesús como el precursor apóstol y profeta, etc., fue igualmente cierto de su predecesor, Juan el Bautista, que fue el apóstol y profeta precursor lleno de Espíritu, etc. Asimismo, los Doce, colectivamente el álter ego del ministerio carismático de Jesús, desde el apostolado hasta la enseñanza del pastoreo, son desde el principio bautizados por el Espíritu, investidos de poder por el Espíritu, llenos del Espíritu, y guiados por el Espíritu.

Lo mismo se puede decir de Pablo, el decimotercer apóstol, que fue lleno de Espíritu, investido de poder por el Espíritu, y guiado por el Espíritu (Hechos 9:17; 13:1-4; 14:3; Romanos 15:18,19, etc.). No sólo son carismáticos los ministerios de Juan el Bautista, Jesús, los Doce y Pablo, sino que son la evidencia disponible que muestra que esto se aplica a todos los ministerios en tiempos del Nuevo Testamento: Esteban, Felipe, Bernabé, Agabo, Silas, Timoteo, etc. A diferencia del siglo veintiuno, en el Nuevo Testamento el ministerio nunca se concibió como no carismático. Por lo tanto, los dones que Jesús dio fueron, como viene al caso, carismáticos.

Los dones no hacen distinción de género. El ministerio de los Doce, de Pablo y de otros en tiempos del Nuevo Testamento, como sucesores de Cristo y en su nombre, siempre tiene que ver con llamado, nombramiento y dones. Ahora bien, esta afirmación, que es cierta como principio, tiene una excepción.

Los "apóstoles y profetas", como dones proféticos fundacionales son dones masculinos. Esto, en parte, es porque, por analogía, los doce apóstoles son en el Nuevo Testamento el equivalente de los doce hijos de Jacob. Pero como dones proféticos no fundacionales, aun el apostolado en sí, no es de género específico.

Por ejemplo, al escribir a la iglesia en Roma, Pablo saluda a Junia, una mujer apóstol (Romanos 16:7). Del mismo modo, hay en las iglesias del Nuevo Testamento profetisas, como las cuatro hijas de Felipe el evangelista (Hechos 21:8). Además, Pablo nombra a varias mujeres que trabajaron con él en el ministerio, como Febe, Priscila, Trifena, Trifosa, Evodia y Síntique (Romanos 16:1,3,12; Filipenses 4:2).

Así también, la explicación de Pedro acerca del derramamiento del Espíritu en el día de Pentecostés pone en claro que no hay distinción de género para ser bautizado con la llenura y el poder del Espíritu Santo para el servicio cristiano (Hechos 2:17,18).

Finalmente, ninguna lista de dones en el Nuevo Testamento excluye a las mujeres de ejercer cualquiera de los dones (Romanos 12:4-8; 1 Corintios 12:4-11, 28,29; Efesios 4:11; 1 Pedro 4:10,11). Estos datos son decisivos. Los escritos del Nuevo Testamento, niegan la preferencia de género (Hechos 2:17,18) o se niegan a imponer restricciones de género. Aparte de la situación históricamente única de los apóstoles y profetas fundacionales (los Doce y Pablo), el ministerio tiene que ver con llamado y dones, y no con género.

Los dones son flexibles y se superponen. Como el Ungido (es decir, Cristo el Mesías) Jesús tenía la plenitud séptuple de los dones del Espíritu (Isaías 11:2). Además, Jesús mismo también desempeñó las funciones de apóstol, profeta, evangelista, pastor y maestro, cuyas funciones, como persona dotada, posteriormente dio a la iglesia (Efesios 4:11).

Por estas razones, Jesús es el portador único del Espíritu y ninguno de sus seguidores experimentó esa plenitud de los dones del Espíritu. Sin embargo, dado que el ministerio, aun en el ámbito espiritual, a menudo requiere ejercer varios ministerios (como lo ilustra el ministerio de Pablo), no tiene que ser así que una persona tenga solamente un don. Por ejemplo, un apóstol puede ser pastor, un profeta puede ser maestro, o un diácono puede ser evangelista. Los dones son otorgados según la necesario y a veces solo para un tiempo de necesidad.

Los dones son para el servicio. Las palabras "apóstol, profeta, evangelista, pastor y maestro" son títulos, pero el propósito de estos dones no es titular. Las manifestaciones del Espíritu son "para provecho", y deben ser "para edificación", y empleados para el servicio mutuo (1 Corintios 12:8; 14:26; 1 Pedro 4:10). Lo que es cierto de las manifestaciones y los dones del Espíritu también se aplica a los dones de Cristo, desde apóstoles hasta maestros (Efesios 4:11). Estos dones de Cristo son "a fin de perfeccionar a los santos para la obra del ministerio, para la edificación del cuerpo de Cristo" (Efesios 4:12).

Claramente, los dones no son honoríficos (como algunos suelen pensar). Tampoco los dones tienen que ver con posición, prestigio o poder. Al hablar con los Doce, Jesús repudió sus expectativas de posición, autoridad y grandeza (Marcos 10:39-42). "Pero no será así entre vosotros", insistió.

Más bien, aunque eran apóstoles, debían fungir como siervos [*diakonion*] y esclavos [*douloi,* Marcos 10:43,44]. Sólo así podían ser como Cristo, que "no vino para ser servido, sino para servir [*diakoneo*]" (Marcos 10:45). Los discípulos aprendieron bien esta lección, porque cuando la iglesia en Jerusalén escogió al apóstol "sustituto", oraron que el Señor mostrara cuál de los dos había escogido, "para que tome la parte de este ministerio [*diakonion*] y apostolado" (Hechos 1:25). Por extensión, los profetas, evangelistas, pastores y maestros imitadores de Cristo son también siervos en lugar de señores (egocéntricos, deseosos de poder).

Apóstoles, profetas, evangelistas, pastores y maestros.

Estos dones, uno y todos, y otros también, se miden por la norma del Cristo incomparable, el don de Dios al mundo, aquel que da a los santos las "personas investidas con dones". Cuando Pablo, en su carta a los Romanos, escribe que Dios ha mostrado misericordia a todos, prorrumpe en una de las extraordinarias doxologías de las Escrituras, exclamando:

¡Oh profundidad de las riquezas de la sabiduría y de la ciencia de Dios! ¡Cuán insondables son sus juicios, e inescrutables sus caminos! ... Porque de él, y por él, y para él, son todas las cosas. A él sea la gloria por los siglos. Amén. Romanos 11:33-36

Asimismo, cuando la iglesia a través de sus generaciones considera que Jesús, divino apóstol, profeta, evangelista, buen pastor y rabino, dio estos mismos dones a la iglesia para replicar colectivamente su ministerio, el pueblo de Dios también debe exclamar con asombro y gratitud:

"¡Oh profundidad de las riquezas de la sabiduría y de la ciencia de Dios! ¡Cuán insondables son sus juicios, e inescrutables sus caminos! ... A él sea la gloria por los siglos. Amén."

4

El uso santo del poder y la autoridad: una perspectiva del Evangelio de Lucas

por Jairo Vásquez

En los últimos cien años la humanidad ha sido consciente de las luchas por El poder y la autoridad. En las noticias más recientes, el uso de armas químicas desnuda el corazón de los gobernadores, que, sin importar el precio, procuran mantener el control.

La realidad que vive nuestra nación en cuanto a la guerra interna es una muestra del hambre por El poder y la autoridad. Nuestra amada Colombia se encuentra influenciada por la mentalidad mafiosa, hambrienta de poder y autoridad para hacer y deshacer; con unos gobernantes que poco se escapan a los tentáculos de la corrupción y que no les importa pagar el carcelazo, pues al salir tienen sus "ahorros". Se nos plantea un desafío eclesiástico:

¿Cómo la iglesia y sus líderes harán uso del poder y la autoridad? ¿Nos dejaremos contagiar por la sicología de príncipe? ¿Viviremos para nuestros vientres, o realmente seremos testigos y cumpliremos la misión de ser enviados con poder y autoridad del cielo? ¿Desdibujaremos y haremos una caricatura de la investidura?

No podemos olvidar las palabras del Maestro dichas a Jacobo y a Juan: "Entre vosotros no será así". No será como en el gobierno del mundo; no será un querer estar por encima de otros. No será un privilegio de las élites. ¡NO!

El poder y la autoridad divina son privilegios del pueblo de Dios; de pescadores e iletrados; de gente del vulgo. Todos son bienvenidos a la misión: ricos y pobres, letrados e iletrados.

El poder y la autoridad tienen su fundamento en Dios. Él es el origen del verdadero poder y autoridad, pero Satanás es quien los ha degradado. En el Evangelio de Lucas, capítulo 9, la propuesta de Jesús es clara donde comisiona a los doce apóstoles para su primera práctica de campo. A partir de allí la narrativa del texto nos enseña como Jesús empezó a moldear la vida de los discípulos y como usar El poder y la autoridad para dicha misión.

Es de resaltar que en el capítulo 8, los discípulos tuvieron una actitud enseñable; oían y reflexionaban; pero después de haberles sido dada la comisión, ellos comenzaron a mostrar inmadurez, propia de quien recibe semejante investidura; pero era necesario que fueran entrenados en el uso de ella.

Los relatos del contexto posterior del capítulo 9:1-6 permitirán ver las enseñanzas que, en la escuela del ministerio de Jesús, nunca se olvidarán.

Ellos van a aprender lo siguiente:

1. El poder y la autoridad son para el beneficio de la comunidad, no para el enviado. (Lucas 9:10-17)

El versículo 10 nos dice que ellos llegaron emocionados por las maravillas vistas; pero son interrumpidos por Jesús, quien los apartó al desierto, donde él los reta a alimentar las multitudes, esa situación es intencional, pues el texto dice así:

> *Cuando los apóstoles regresaron, dieron cuenta a Jesús de todo lo que habían hecho. Y Él, tomándolos consigo, se retiró aparte a una ciudad llamada Betsaida. (9:10 BLA)*

Si El poder y la autoridad no son para el enviado, sino para el necesitado, debemos reflexionar acerca del uso que le estamos dando.

En segundo lugar, ellos van a aprender que:

2. El poder y la autoridad sin revelación producen ignorancia. (Lucas 9:18-36)

Pedro hace la declaración de Jesús como el Cristo, el Hijo del Dios viviente y por los textos paralelos sabemos que el Señor le dice a Pedro que ha recibido una revelación del Padre; pero más adelante Pedro reconviene a Jesús para que no vaya a la Cruz.

Seis días después toma a Jacobo, Juan y "Pedro" y los lleva al monte de la transfiguración. Allí nuevamente Pedro tiene la "idea" de hacer tres enramadas, (es característico que quienes tienen poder y autoridad usen con ligereza "el opinar") pero él es interrumpido por la voz del cielo: "Este es mi Hijo, mi escogido a él oíd". El mensaje del cielo es claro, nadie que reciba poder y autoridad puede llegar a querer dar ideas que no son de origen divino.

El poder y la autoridad parecen dar al hombre el derecho de opinar aún sin importar la voluntad de Dios. Debemos cuidarnos de nuestras buenas ideas y escuchar atentamente la voz del Padre, sólo así, la investidura que tenemos nunca será mayor que el dador de la misma.

Los discípulos pronto comenzaron a discutir quien sería el mayor y Jesús en medio de esta discusión les enseña también que:

3. El poder y la autoridad <u>sin</u> humildad producen rivalidad. (9:46-48)

Jesús percibiendo los pensamientos de ellos les da una lección objetiva: El poder y la autoridad necesitan de las cualidades de un niño. El relato paralelo de Marcos nos dice que Juan y Santiago le pidieron que les permitiera sentarse a la derecha y a la izquierda. Pero Jesús les enseñó que la posición es un privilegio que el Padre da, pero el sufrimiento y la muerte son parte del proceso de aquellos que le siguen. El poder y la autoridad no son para evitar el sufrimiento, son para enfrentarlo y aún en medio de él, tener El poder de ser un mártir.

Más adelante Él les enseña que:

4. El poder y la autoridad <u>sin</u> visión del Reino de Dios producen sectarismo. (Lucas 9:49,50)

Es impresionante como El poder y la autoridad nos pueden enceguecer y hacernos creer que somos el grupo exclusivo. Siempre hemos visto a las sectas como distantes del cristianismo tradicional, pero el sectarismo puede estar muy arraigado en quienes dicen estar más cerca de Jesús; este era el caso de los fariseos. Cuando asumimos una actitud sectaria, no somos muy diferentes a ellos. Desconocer el valor de otros, que, aunque no pertenezcan a nuestra denominación y descalificarlos, porque no andan con nosotros, sólo revela nuestro egoísmo y frustración.

El etnocentrismo de los judíos también fue un problema en la vida de los discípulos de Jesús, desde aquella charla de Jesús con la Samaritana, los discípulos tuvieron que afrontar una realidad desagradable; Los samaritanos también entran en el plan de Dios, pero para aceptar eso, es necesario un verdadero amor, amor del cielo, amor de Dios; porque:

5. El poder y la autoridad <u>sin</u> amor son un atentado al plan de Dios. (Lucas 9:51-56)

El Señor había dado órdenes específicas de lo que debían hacer cuando no fueran recibidos:

> *Y en cuanto a los que no os reciban, al salir de esa ciudad, sacudid el polvo de vuestros pies en testimonio contra ellos.* Lucas 9:5

Pero, para ellos esto no era suficiente. Ellos querían algo más.

Pero no le recibieron, porque sabían que había determinado ir a Jerusalén. Al ver esto, sus discípulos Jacobo y Juan, dijeron: "Señor, ¿quieres que mandemos que descienda fuego del cielo y los consuma?" Lucas 9:53,54

Los discípulos querían usar la investidura al estilo de Elías. Qué mejor que mostrarles a esos profetas de "Samaria" ... ¡el fuego! ¿Acaso ellos no representan a uno mayor que Elías?

El Señor reprendiéndoles, les dijo: "Vosotros no sabéis de que espíritu sois, porque el Hijo del Hombre no ha venido para destruir las almas de los hombres, sino para salvarlas". El poder no es para el espectáculo; es para la salvación de las almas. Algunos líderes religiosos de la actualidad, han olvidado este principio y se han dedicado más al espectáculo, que a las almas.

Algo más que van a aprender es que:

6. El poder y la autoridad <u>sin</u> entrega personal descalifican al obrero.

En Lucas 9:57-62, nos dice que una persona quería seguir a Jesús, El Señor, (quien conocía su corazón) lo desafía. Ésta persona quería una comodidad material, por eso, el Señor le responde:

Las zorras tienen guaridas, y las aves de los cielos nidos; más el Hijo del Hombre no tiene dónde recostar la cabeza.

Otro es invitado por el Señor a seguirle; pero éste se excusa, con el pretexto de ir a enterrar a su padre. Él no tenía claro su llamado; por lo tanto, buscó una razón aparentemente justa, por la cual el Señor le respondió: "Deja que los muertos entierren a sus muertos; y tú ve, y anuncia el reino de Dios." Esto nos enseña que la misión es para anunciar el reino de Dios a los vivos.

Por último invitó a otro, quien se excusó queriendo ir a despedir a su familia. El Señor le responde: "Ninguno que poniendo su mano en el arado mira hacia atrás, es apto para el reino de Dios." Es indispensable que, quienes siguen al Señor determinen cuales son las prioridades o demandas para seguirlo y hagan una entrega absoluta. Por último:

7. El poder y la autoridad <u>sin</u> el gozo de la salvación no son gracia de Dios.

El capítulo 10 comienza diciendo: *"Después de esto, el Señor designó a otros setenta, y los envió de dos en dos delante de Él, a toda ciudad y lugar adonde Él había de ir."*

El capítulo 9 empieza con el envío de los doce apóstoles y nos relata en el versículo 10 que ellos regresaron maravillados; al igual en el capítulo 10 se inicia con el envío de los setenta y estos regresan con gozo (v. 18). Pero en esta ocasión El Señor no toma a los setenta aparte como en el caso de los doce; sino que, les dice: "Yo veía a Satanás caer del cielo como un rayo."

¡Qué respuesta! ¡Qué imagen en la mente de los setenta! El personaje que tenía más poder y autoridad después de Dios, cayó como un rayo. Quienes reciben El poder y la autoridad deben cuidarse de ser reprobados como lo dice el apóstol Pablo: "sino que golpeo mi cuerpo y lo hago mi esclavo, no sea que, habiendo predicado a otros, yo mismo sea descalificado".

El Señor les afirma en el versículo 19 que les ha dado El poder y la autoridad; sin embargo, les dice:

> *No os regocijéis en esto, de que los espíritus se os sometan, sino regocijaos de que vuestros nombres estén escritos en los cielos.*

El poder y la autoridad sin acceso a la eternidad en el reino de los cielos, no es gracia, y no tiene valor, sentido, color, aroma ni vida. ¿Para qué la investidura sin el dador de ella? Para que hacer uso de esa investidura y al final escuchar la declaración del Señor:

> *Jamás os conocí: APARTAOS DE MÍ, LOS QUE PRACTICAIS LA INIQUIDAD.* Mateo 7:23

Cuando hacemos uso correcto del poder y la autoridad podemos experimentar la verdadera gracia de Dios. Qué maravilloso que, haciendo uso santo de ellos, nuestros nombres aún sigan escritos en los cielos.

Conclusión:

El poder y la autoridad son privilegio de todos, pero es un desafío santo para una misión santa, en un mundo no tan santo, que quiere decirle a la iglesia como usar el poder y la autoridad. Por lo cual, debemos determinar el uso correcto de nuestra investidura. **El poder y la autoridad son para la Gran Comisión**, que lleva esperanza a los necesitados; que revela a Jesús, enseñándonos a vivir humildemente, sin sectarismos; que afecten el plan de Dios para otros. Esto demanda una absoluta entrega y compromiso con el llamamiento. Sólo si hacemos uso santo, nos guardaremos de ser descalificados.

5

El rol del profeta de hoy

por Jaime Mazurek

Esta es una pregunta que me hacen constantemente. ¿Cuál es el debido rol de los profetas en la Iglesia de hoy? No toqué el tema en el libro que se discute en esta página: *El Restauracionismo Apostólico,* pues ahí el tema se limitó al de los apóstoles. Sin embargo, hay mucho interés en el tema de profetas, ya que muchas veces se vinculan profetas y apóstoles juntamente.

No cabe duda que el ministerio profético, el ejercicio del don de profecía, continúa hoy, como debe ser. El profeta Joel anunció que, como consecuencia del derramamiento del Espíritu Santo, *"profetizarán vuestros hijos y vuestras hijas"* (Joel 2:28).

El apóstol Pablo describe la importancia del don de profecía con detalle en 1 Corintios. *"...a otra profecía"* (12:10); *"procurad los dones espirituales, pero sobre todo que profeticéis"* (14:1).

A la vez, es importante observar que el Nuevo Testamento establece que el rol del profeta y de la profecía no ocupa el mismo lugar hoy que en el tiempo del Antiguo Testamento. Antes de la venida de Cristo, los profetas cumplían un rol de suprema importancia, pues miraban hacia el futuro, anunciando la venida del Mesías.

Pero ahora que Cristo mismo ha venido al mundo, es Él nuestra perfecta fuente de vida y verdad. El escritor de la epístola a los Hebreos afirma:

> *Dios, habiendo hablado muchas veces y de muchas maneras en otro tiempo a los padres por los profetas, en estos postreros días nos ha hablado por el Hijo, a quien constituyó heredero de todo, y por quien asimismo hizo el universo.* Hebreos 1:1,2

En el Monte de Transfiguración, al ver a Jesús junto a Moisés, el dador de la Ley, y a Elías, el gran profeta, Pedro exclamó que lo ideal sería que permaneciesen los tres, y ofreció hacer un tabernáculo para cada uno. Sin embargo, el Padre mismo intervino con su gran voz para poner fin a las ideas ridículas de Pedro.

> *Entonces Pedro dijo a Jesús: Señor, bueno es para nosotros que estemos aquí; si quieres, hagamos aquí tres enramadas: una para ti, otra para Moisés, y otra para Elías.*
>
> *Mientras él aún hablaba, una nube de luz los cubrió; y he aquí una voz desde la nube, que decía: Este es mi Hijo amado, en quien tengo complacencia, a él oíd.* Mateo 17:4,5

En la versión de Lucas de la misma narración, se menciona que Moisés y Elías hablaban con Jesús sobre su partida, es decir su muerte, su sacrificio. La intención de Pedro, de procurar que los tres se quedasen era contraria a la voluntad de Dios. Cristo, con su muerte, es el cumplimiento de todo lo que se había anticipado en la Ley, y el objeto de todas las esperanzas de los profetas.

Porque Cristo ya está aquí, la Ley y los profetas ya no son los protagonistas. Por eso el Padre, desde el cielo, grita: "Este es mi Hijo amado... ¡a él oíd!"

Elías y Moisés desaparecen, y cuando los discípulos levantan la vista solo ven a Jesús. Todo lo que añoraban ver los profetas, todo lo que se vaticinaba en los tipos y formas de la Ley, está cumplido en la persona de Cristo.

El punto de lo que aprendemos de Hebreos y del Monte de Transfiguración es entonces, si queremos conocer la voluntad de Dios para nuestras vidas, no es necesario ni prudente ir en busca de algún "profeta" para hacernos una suerte de "adivinación pentecostal". Nuestra identidad y llamado están en Cristo. Debemos buscarle a Él y escudriñar su Palabra para conocer su voluntad.

Esto coincide con lo que Pablo dice acerca de "apóstoles y profetas" en su carta a los Efesios. Cumplieron un rol fundacional y revelacional, en los inicios de la Iglesia, echando el fundamento, y el crecimiento posterior es realizado por evangelistas y pastores-maestros.

¿Cuál, entonces, es el rol del don de profecía en la Iglesia de hoy?

En el Apocalipsis, un ángel le dice a Juan, "*el testimonio de Jesús es el espíritu de la profecía*". Tal como los profetas del Antiguo Testamento apuntaban hacia Jesús, una palabra de profecía en nuestro tiempo también nos debe hacer mirar a Cristo.

Creo que la manera más poderosa de hacer profecía es la predicación profética de Jesucristo. Es decir, la predicación que en vez de solo entretener, impulsa a los oyentes a mirar a Cristo, a confesarle como Señor y a confiar en Él.

Me parece que hay personas que Dios usa de maneras muy especiales en el don de profecía. Creo que David Wilkerson fue una de estas. Pero Wilkerson no era uno que iba de lugar en lugar "sacando la suerte" a las personas, como una suerte de "gitana pentecostal".

Conocí personalmente a David Wilkerson y le oí predicar en varias ocasiones. Sus mensajes eran impactantes denuncias de pecado, llamados al arrepentimiento, y proclamaciones del señorío de Jesucristo. Auténticos mensajes proféticos, que reflejan la visión divina de la situación imperante, y anuncia a Cristo como la respuesta a los grandes problemas de la sociedad y la nación.

Que el Señor levante a siervos con mensajes proféticos para los tiempos que vivimos.

6

Falso profeta igual a falso maestro

por Jaime Mazurek

D urante los últimos años me he convertido en un ávido estudiante de las cartas de Pedro. Son fascinantes ventanas abiertas hacia las condiciones difíciles que tuvieron que enfrentar las iglesias durante la segunda mitad del primer siglo, y la poderosa Palabra de Dios que llegó para tales situaciones.

Primera de Pedro es una exposición sobre la teología del sufrimiento que necesita saber una iglesia perseguida. La palabra clave en aquella epístola es, precisamente, "sufrir" (17 instancias).

Por otro lado, Segunda de Pedro es una exposición sobre la necesidad de crecer en el conocimiento de Cristo en medio de falsas enseñanzas. La palabra clave en esa epístola es "conocimiento" (16 instancias). Como educador, me interesa mucho este libro, porque trata con los asuntos de la enseñanza verdadera y falsa. Es un libro que nos puede beneficiar a todos.

En 2 Pedro 2:1 hay una declaración impresionante.

Pero hubo también falsos profetas entre el pueblo, como habrá entre vosotros falsos maestros, que introducirán encubiertamente herejías destructoras, y aun negarán al Señor que los rescató, atrayendo sobre sí mismos destrucción repentina. (RVR-1960)

Pedro aquí declara que el equivalente de los falsos profetas del Antiguo Testamento son los falsos maestros de los tiempos finales. Durante el período del Antiguo Testamento los falsos profetas fueron un grave problema para Israel, hombres que reclamaban hablar por Dios pero que solamente hablaban por sí mismos. Pedro dice que aún queda esa clase de personas, solo que ahora existen como falsos maestros.

Esta comparación nos impulsa a indagar sobre la naturaleza de los falsos profetas del Antiguo Testamento, para así tener una mejor idea de qué nos advertía Pedro. Un breve estudio del tema revela las siguientes características destacables de los falsos profetas del Antiguo Testamento.

¿Tenía Pedro razón al compararlos a los falsos maestros modernos?

1. Los falsos profetas decían a la gente las cosas que quería oír, y no las que necesitaba oír.

Si alguno andando con espíritu de falsedad mintiere diciendo: Yo te profetizaré de vino y de sidra; este tal será el profeta de este pueblo. Miqueas 2:11

Y yo dije: ¡Ah! ¡Ah, Señor Jehová! He aquí que los profetas les dicen: No veréis espada, ni habrá hambre entre vosotros, sino que en este lugar os daré paz verdadera. Me dijo entonces Jehová: Falsamente profetizan los profetas en mi nombre; no los envié, ni les mandé, ni les hablé; visión mentirosa, adivinación, vanidad y engaño de su corazón os profetizan. Jeremías 14:13,14

Los falsos profetas siempre atraían multitudes. Sabían lo que la gente quería y cómo entregárselo. Les sobraba la personalidad y el carisma. No faltaba gente en Israel que prefería oír un mensaje de bendiciones incondicionales, prosperidad y la condonación de sus pecados, en lugar de una denuncia de sus transgresiones, la amenaza de castigo divino y llamadas al arrepentimiento y al cambio radical en su estilo de vida.

2. Los falsos profetas usaban sus posiciones como medios de lucro personal más que como medios de ministerio.

Sus jefes juzgan por cohecho, y sus sacerdotes enseñan por precio, y sus profetas adivinan por dinero; y se apoyan en Jehová, diciendo: ¿No está Jehová entre nosotros? No vendrá mal sobre nosotros. Miqueas 3:11

Los falsos profetas "lo hacían por el dinero". Veían a su ministerio como un negocio, un medio para quitarle el dinero a la gente. Acumulaban riquezas y las exhibían, siempre confiando que el Señor les respaldaba absolutamente.

3. Los falsos profetas vivían vidas marcadas por vicio, licencia y pecado en vez de por santidad.

Pero también éstos erraron con el vino, y con sidra se entontecieron; el sacerdote y el profeta erraron con sidra, fueron trastornados por el vino; se aturdieron con la sidra, erraron en la visión, tropezaron en el juicio. Isaías 28:7

Los falsos profetas no conocían el temor de Jehová. Sus brújulas de la moralidad estaban perdidamente descompuestas. Se habían convencido que podían vivir estilos de vida mundanales y seguir siendo los mensajeros de Dios. Creían que el ministerio era "algo que hacían", algo que podían encender y apagar a voluntad. Llegaron al extremo de intentar ministrar proféticamente en estado de embriaguez. No creían que una vida de santidad era necesaria para sostener su ministerio.

4. Los falsos profetas se robaban las ideas unos de otros, para así mantenerse "al día" con la última palabra de moda, en lugar de sinceramente buscar y declarar la palabra de Jehová.

Por tanto, he aquí que yo estoy contra los profetas, dice Jehová, que hurtan mis palabras cada uno de su más cercano. Jeremías 23:30

Los falsos profetas se copiaban los mensajes, en medida que uno u otro inventaba un mensaje más novedoso y popular. Su estado de bancarrota espiritual personal quedaba evidente por sus flagrantes imitaciones unos de otros. Al producirse este fenómeno, sin duda diferentes "palabras de moda" llegaron a existir entre las creencias del pueblo.

5. Los falsos profetas manipulaban y controlaban a sus seguidores en vez de servirles.

Así ha dicho Jehová acerca de los profetas que hacen errar a mi pueblo, y claman: Paz, cuando tienen algo que comer, y al que no les da de comer, proclaman guerra contra él. Miqueas 3:5

Los falsos profetas usaban a las personas. Se servían de ellas mediante manipulaciones cautelosas, con el fin de aprovecharse de ellas. El pueblo de Israel no tardó mucho en aprender el sistema. Si cuidaban bien al falso profeta, este siempre declararía paz y prosperidad a su favor. Si no lo cuidaban, arriesgaban caer bajo su ira y enemistad.

6. Los falsos profetas alejaban a las personas de Dios, en vez de acercarlas.

"Cuando se levantare en medio de ti profeta, o soñador de sueños, y te anunciare señal o prodigios, y si se cumpliere la señal o prodigio que él te anunció, diciendo: Vamos en pos de dioses ajenos, que no

*conociste, y sirvámosles; no darás oído a las palabras de tal profeta, ni
al tal soñador de sueños; porque Jehová vuestro Dios os está probando,
para saber si amáis a Jehová vuestro Dios con todo vuestro corazón,
y con toda vuestra alma. En pos de Jehová vuestro Dios andaréis; a
él temeréis, guardaréis sus mandamientos y escucharéis su voz, a él
serviréis, y a él seguiréis. Deuteronomio 13:1-4*

A los falsos profetas no les interesaba hacer que las personas se acercasen
más a Dios, tanto como hacer que las personas se acercasen a ellos mismos,
los falsos profetas, para su propio engrandecimiento, beneficio, y gratificación.

Entonces, ahí tenemos algunas de las características de los falsos profetas
del tiempo del Antiguo Testamento. A lo mejor Pedro pensaba en tales cosas
al escribir su segunda epístola, advirtiendo a la iglesia sobre la venida de los
falsos maestros.

¿Cómo calza el perfil de los falsos profetas con falsos maestros de la actualidad y sus enseñanzas?

En el tercer capítulo de esta carta, Pedro prescribe a varias acciones que la
iglesia debe tomar para no caer víctima de los falsos maestros.

1. Conozcan las Escrituras – 3:2

*... para que tengáis memoria de las palabras que antes han sido dichas
por los santos profetas, y del mandamiento del Señor y Salvador dado
por vuestros apóstoles... 2 Pedro 3:2*

Es de suma importancia que ataquemos el gran problema del analfabetismo
bíblico que padece la generación actual. Hay que redoblar los esfuerzos en el
fortalecimiento de la educación cristiana en el nivel iglesia local.

2. Estén preparados para la venida de Cristo – 3:14

*Por lo cual, oh amados, estando en espera de estas cosas, procurad
con diligencia ser hallados por él sin mancha e irreprensibles, en paz.
2 Pedro 3:14*

Para Pedro este era un asunto de gran importancia, y le dedica la mayor
parte del capítulo.

Los falsos maestros no enfatizan la Segunda Venida de Cristo. Los falsos
maestros animaban a sus seguidores a dudar de la Segunda Venida de
Cristo y por ende a adoptar un estilo de vida más mundanal y materialista.

La predicación y enseñanza de las Segunda Venida no solo instruye a los creyentes en estas verdades, pero impacta a nuestros estilos de vida. Nos empuja hacia la santidad. Hay que recuperar el mensaje de la Segunda Venida de Cristo en nuestros púlpitos, así como lo hicieron nuestros padres y abuelos.

3. Guárdense – 3:17

> *Así que vosotros, oh amados, sabiéndolo de antemano, guardaos, no sea que arrastrados por el error de los inicuos, caigáis de vuestra firmeza.* 2 Pedro 3:17

Guardar en griego es *phulasse*, de la misma raíz que la palabra cárcel, *phulakke*. Ambas tienen la idea de estar en aislamiento, bien vigilado. El cristiano debe guardarse a sí mismo.

Los cristianos necesitan estar en guardia contra las falsas enseñanzas. Para que esto suceda, necesitan contar con un marco bíblico-teológico mínimo de creencia ortodoxa, el cual les puede servir como regla de corrección doctrinal. Hoy existen demasiados creyentes que carecen de tal marco, y por ende vagan de una corriente doctrinal a otra, desilusionados y confundidos.

4. Crezcan – 3:18

> *Antes bien, creced en la gracia y el conocimiento de nuestro Señor y Salvador Jesucristo.* 2 Pedro 3:18

Este es el objetivo final. Nuestros alumnos y seguidores no pueden estancarse en su caminar con Cristo. Frente a una creciente amenaza de enseñanzas falsas, los creyentes de hoy necesitan crecer en el conocimiento y la experiencia de toda la bondad de nuestro Señor y Salvador.

Pedro nos ha hecho un gran favor, al motivarnos a reflexionar sobre el prototipo del falso maestro moderno: el falso profeta de los tiempos antiguos, y sobre qué se debe hacer. Que esto sea una fuente de motivación para cada uno de nosotros, que redoblemos nuestros esfuerzos en pos de formar discípulos fuertes y efectivos para el servicio de nuestro Señor.

7

Los apóstoles y profetas

Declaración oficial por el Presbiterio General del
Concilio General de las Asambleas de Dios

Los expertos en estadística de la iglesia moderna mencionan el crecimiento fenomenal del movimiento pentecostal e informan que los pentecostales y carismáticos ahora son el segundo grupo cristiano más grande en el mundo. Los pentecostales están asombrados de lo que Dios ha hecho y atribuyen esta maravillosa expansión a su sencilla confianza en el poder sobrenatural del Espíritu Santo, que continúa obrando hoy en la iglesia.

El avance rápido del reavivamiento pentecostal también ha sido acompañado por una nueva aceptación de los dones del Espíritu. Cada vez más, el mundo evangélico está cambiando del cesamiento, la creencia de que los dones del Espíritu cesaron al final de la era neotestamentaria, al entendimiento de que los dones el Espíritu Santo que registra el Nuevo Testamento son vitales para el ministerio de hoy.

Con la restauración de los dones milagrosos a la Iglesia ha surgido también la pregunta de que si Dios restaurará los cinco ministerios de Efesios 4:11:

> *Y él mismo constituyó a unos, apóstoles; a otros, profetas; a otros evangelistas; a otros, pastores y maestros.*[1]

Los expertos bíblicos difieren en su opinión de si los dones de pastor y maestro deben estar separados en Efesios 4 (haciendo un total de cinco), o si una mejor traducción sería "...a otros, pastores-maestros" (conformando sólo cuatro). La gramática griega parece indicar cuatro, pero a menudo el Nuevo Testamento menciona por separado las funciones pastorales y de enseñanza. Sin embargo, la mejor designación del ministerio no es ni cinco ni cuatro sino múltiple. Efesios 4:12 asigna el ministerio a todos los santos, mientras que 1 Corintios 12:28-30 y Romanos 12:6-8 proveen aspectos del ministerio más allá de las designaciones de Efesios 4:11-12.

---

1 El texto bíblico ha sido tomado de la versión Reina-Valera © 1960 Sociedades Bíblicas en América Latina; © renovado 1988 Sociedades Bíblicas Unidas, a menos que se indique lo contrario.

Relativamente pocas dudas surgen de la validez de los evangelistas, pastores y maestros contemporáneos. Sin embargo, hay numerosas voces en la Iglesia hoy que están llamando a una restauración de los apóstoles y profetas, pensando que estos ministerios son la clave para su continuo crecimiento y vitalidad. El asunto es importante, y este documento es un esfuerzo para buscar una guía en las Escrituras.

La iglesia apostólica

Algunos abogan por el reconocimiento de apóstoles contemporáneos y el uso del término *apostólico*. Creen que las iglesias que así lo hacen se han acercado al ministerio ideal del Nuevo Testamento.

Históricamente, el adjetivo *apostólico* ha sido usado para significar (1) las iglesias que intentan trazar la sucesión de su clero a los 12 apóstoles originales, tales como las iglesias católica y episcopal; (2) las iglesias pentecostales de unicidad, o "Sólo-Jesús", que desde el principio del siglo 20 han usado la descripción "Fe Apostólica" (usada previamente por pentecostales trinitarios como Charles F. Parham y William J. Seymour) para designar sus doctrinas características; (3) iglesias que proclaman que Dios ha levantado apóstoles hoy en medio de ellas (iglesias "Nueva Apostólica" y "Cinco Ministerios"); o (4) iglesias, incluyendo la mayoría de los grupos protestantes, que se dicen apostólicas porque enseñan lo que los apóstoles enseñaban; o sea, la doctrina neotestamentaria.

Por tanto, la mayoría de las denominaciones cristianas se consideran, de una manera u otra, apostólicas.

Las iglesias pentecostales se creen apostólicas porque (1) enseñan lo que enseñaban los apóstoles, y (2) comparten el poder de los apóstoles por medio del bautismo y la plenitud del Espíritu Santo, quien fortalece su vida y ministerios. Creen que lo importante no es un ministerio apostólico contemporáneo sino la doctrina y el poder apostólico.

Los apóstoles del Nuevo Testamento

Se puede trazar el origen del ministerio apostólico a Jesús en los Evangelios. El Evangelio de Marcos, dice: "Y [Jesús] estableció a doce, para que estuviesen con él, y para enviarlos a predicar, y que tuviesen autoridad para sanar enfermedades y para echar fuera demonios" (Marcos 3:14-15). Mateo y Lucas contienen atribuciones similares (cf. Mateo 10:2; Lucas 6:13).

Parece que el número 12 era entonces significativo, de modo que el título común para este grupo en los Evangelios es "los Doce" en vez de "los Apóstoles" (cf. Mateo 26:14, 20, 47; Marcos 4:10; 6:7; 9:35; Lucas 8:1; 9:1; 18:31; Juan 6:67; 20:24). La designación "los Doce" también continuó en la vida de la iglesia primitiva por medio de los escritos de Lucas (Hechos 6:2) y el apóstol Pablo (1 Corintios 15:5). Además, Jesús mismo es llamado por el escritor a los Hebreos el "apóstol y sumo sacerdote de nuestra profesión" (Hebreos 3:1).

La palabra *apóstol* viene del griego *apostolos*[2] y puede ser traducida como *delegado, enviado, mensajero, o agente*. Como Jesús probablemente hablaba hebreo o arameo en vez de griego, es posible que *shaliach* en hebreo / arameo signifique casi lo mismo que apóstolos. Esta es la palabra común usada por Jesús y sus primeros seguidores y provee mucho antecedente básico conceptual. Los rabinos en los días de Jesús lo consideraban un principio legal muy importante: "El agente de alguien [*shaliach*] es como él mismo."

Esto significaba que, si el agente hacía un trato, era lo mismo que si el hombre representado hubiera hecho el trato. El concepto moderno del poder notarial es semejante.

Cuando se trata de apóstoles u otros agentes, es de suma importancia a quién el agente representa. Los Evangelios indican claramente que los apóstoles fueron nombrados por Jesús para representarlo a Él. El corto registro de Marcos de la comisión inicial es "para que estuviesen con él, y para enviarlos a predicar, y que tuviesen autoridad para sanar enfermedades y para echar fuera demonios" (Marcos 3:14,15). Tiene que ver con el compañerismo personal con Jesús, predicar las buenas nuevas del reino de Dios de parte de Jesús, y participar del poder de Jesús para echar fuera demonios.

Aparentemente, Jesús los envió temprano en el ministerio galileo con instrucciones de predicar y sanar a los enfermos (cf. Mateo 10:5-14; Marcos 6:7-11; Lucas 9:1-5). Como los setenta enviados después, su alcance inmediato era "a las ovejas perdidas de la casa de Israel" (Mateo 10:6).

Los apóstoles y Pentecostés

La comisión de los Doce fue expandida dramáticamente después de la muerte y resurrección de Jesús. En el Evangelio de Juan, Jesús anticipó que los que tenían fe en Él harían "obras aun mayores" que Él pidiendo en su nombre (Juan 14:12-14). El Consejero, identificado como el Espíritu Santo y el Espíritu de verdad, quien estaba "con" ellos durante el principio de su ministerio terrenal, pronto estaría "en" ellos (14:16,17). El Espíritu también les enseñaría todas las cosas y les recordaría de todo lo que Él les había dicho (14:26).

Juan nota que Jesús apareció a sus "discípulos" después de su resurrección, y dijo: "Como me envió el Padre, así también yo os envío. Y habiendo dicho esto, sopló, y les dijo: Recibid el Espíritu Santo. A quienes remitiereis los

---

2 Para simplicidad, cuando se incluyen sustantivos y verbos griegos, normalmente estarán en la forma singular nominativa e indicativa de la primera persona singular.

pecados, les son remitidos; y a quienes se los retuviereis, les son retenidos" (Juan 20:21-23).

Lucas muestra claramente que Jesús "abrió" el entendimiento de "los once reunidos, y a los que estaban con ellos" (24:33) para que "comprendiesen las Escrituras" de que "el Cristo [debía] padecer, y resucitar de los muertos al tercer día; y que se predicara en su nombre el arrepentimiento y el perdón de pecados en todas las naciones, comenzando desde Jerusalén" (Lucas 24:45-47). Entonces Jesús recordó a los discípulos que debían "[quedar] en la ciudad de Jerusalén, hasta que [fueran] investidos de poder desde lo alto" (24:49).

Esta promesa era tan importante que Lucas la registró otra vez en Hechos 1:4 con una palabra explicativa de Jesús: "Porque Juan ciertamente bautizó con agua, mas vosotros seréis bautizados con el Espíritu Santo dentro de no muchos días" (1:5). La razón de la promesa se encuentra en las palabras de Jesús, "pero recibiréis poder, cuando haya venido sobre vosotros el Espíritu Santo, y me seréis testigos en Jerusalén, en toda Judea, en Samaria, y hasta lo último de la tierra" (Hechos 1:8).

La promesa fue cumplida en la venida del Espíritu en Pentecostés (Hechos 2:4) e identificada como los dones del Espíritu de Dios de "los postreros días" en el mensaje profético de Pedro permitiendo a todos sus "hijos e hijas" y "siervos y siervas" "profetizar" (Hechos 2:14-17).

Aunque habían sido entrenados, llamados, y comisionados por el Señor Jesús, los apóstoles necesitaban el bautismo en el Espíritu Santo como una preparación final para su misión. Les fueron concedidos dones espirituales y el poder requerido para el ministerio apostólico. Antes inquietos e inseguros, fueron transformados y vigorizados por el Espíritu Santo.

Los apóstoles empezaron a hablar como quienes habían sido "llenos del Espíritu Santo" (Hechos 4:8) y contribuían decisivamente a que otros recibieran el don del Espíritu (8:14-17; 10:44-46; 19:6). Cuando Pablo fue convertido y llamado al ministerio apostólico, también recibió el don del Espíritu, y de manera parecida fue transformado (9:17). Se decía que Bernabé era "lleno del Espíritu Santo y de fe" (11:24). El Espíritu Santo guió las actividades misioneras de los apóstoles, seleccionando soberanamente a Pablo y a Bernabé (13:2) y enviándolos (13:4).

Después el Espíritu prohibió a Pablo y a sus compañeros que entraran en la provincia de Asia y Bitinia, y los dirigió en cambio hacia Troas y Macedonia (16:6-10). Pablo fue el receptor de la dirección profética dada por profetas dirigidos por el Espíritu en cuanto a su destino al regresar a Jerusalén (20:22,23). Cualesquiera que fuesen las habilidades naturales de estos primeros apóstoles, la genialidad de su ministerio se encuentra en el poder y la sabiduría del Espíritu dados a ellos.

La posición de los Doce

El primer capítulo de los Hechos muestra una preocupación por mantener el número de los Doce. Pedro y los otros miembros originales de los Doce, junto con los 120, vieron las Escrituras y determinaron que la vacancia creada por la defección y muerte de Judas debería ser llenada. Era importante que mantuvieran los doce para el derramamiento del Espíritu. Lucas había escrito la promesa de Jesús a los Doce:

Yo, pues, os asigno un reino, como mi Padre me lo asignó a mí, para que comáis y bebáis a mi mesa en mi reino, y os sentéis en tronos juzgando a las doce tribus de Israel. Lucas 22:29,30

No hay duda de la importancia de mantener a los 12 apóstoles como un símbolo de las 12 tribus de Israel. El apostolado tenía que estar completo para la venida del Espíritu y el inicio de una iglesia completamente capacitada para su misión mundial.

La manera en que cubrieron la vacancia es muy instructiva. Jesús había aparecido personalmente y había "dado mandamientos por el Espíritu Santo a los apóstoles que había escogido" (Hechos 1:2). Se presentan dos asuntos importantes: (1) comisión personal por el Señor, y (2) un conocimiento sólido de las enseñanzas de Jesús. Los dos aspectos tuvieron cuidadosa atención en la propuesta de Pedro.

Cualquier candidato tenía que haber estado con ellos durante el ministerio entero de Jesús, "comenzando desde el bautismo de Juan" (Hechos 1:22). Dos candidatos calificados "José, llamado Barsabás, que tenía por sobrenombre Justo, y... Matías"[3] fueron presentados y una oración fue elevada. "Les echaron suertes, y la suerte cayó sobre Matías; y fue contado con los once apóstoles" (Hechos 1:26). Sin embargo, después de Pentecostés no hubo ningún esfuerzo por reemplazar a ninguno de los 12 apóstoles originales ni perpetuar el número 12 (cf. Hechos 12:2).

El caso especial del apóstol Pablo

La condición de Pablo como apóstol es única. Ni era miembro de los Doce ni estaba presente durante las apariciones de Cristo después de su resurrección; su llamado como apóstol vino en una visión del Señor resucitado posterior y separada. Registrado tres veces en los Hechos (9:1-19; 22:4-16; 26:9-18) y

---

3 Frecuentemente se sugiere que los Once se equivocaron en su selección de Matías porque el lugar de Judas estaba reservado para Pablo. Se nota que Matías inmediatamente pasó al olvido. Sin embargo, no hay insinuación de crítica en el texto y pocos de los Doce fueron mencionados después del capítulo 1. Las credenciales apostólicas de Pablo fueron establecidas independientemente de los Doce por Lucas y Pablo mismo (cf. Hechos 9:1-30, especialmente vv. 26-28; Gálatas 1:15-24).

frecuentemente insinuado en sus cartas (Gálatas 1:12), el informe de Pablo de su conversión demuestra la autenticidad y el poder de su llamado a ser un apóstol de Jesucristo.

Como los Doce, reconoció que la función de apóstol era dada o conferida por un llamado personal en las apariciones de Cristo después de su resurrección (1 Corintios 15:5-7). Pablo reconoció que en ese sentido era "como a un abortivo [*ektroma*]" (1 Corintios 15:8). Normalmente esta palabra se usa para un aborto natural. Pero Pablo, en vez de decir que "nació" prematuramente, está diciendo que como un testigo de la resurrección y un apóstol "nació" tardíamente. Entonces su llamado apostólico no tenía paralelo e hizo que sus credenciales fueran vulnerables a los ataques de los adversarios que procuraban desacreditarlo (1 Corintios 9:1,2; 2 Corintios 12:11,12).

A pesar de su encuentro extraordinario con Cristo, Pablo no consideraba que su condición de apóstol fuera menor que la de los otros apóstoles. Ellos habían visto al Señor resucitado; él también. Regularmente declaraba que había visto a "Jesús el Señor nuestro" (1 Corintios 9:1). Aunque se refería a sí mismo como "el más pequeño de los apóstoles", por haber antes perseguido a la Iglesia, argüía que había "trabajado más que todos ellos" (1 Corintios 15:9,10).

Aunque insistía en la continuidad del mensaje (cf. 1 Corintios 15:3), aun así, distinguía su autoridad apostólica de la de los otros apóstoles, aun al punto de dar un reproche público a Pedro (Gálatas 1:11-2:21). A sus críticos él señaló: "pienso que en nada he sido inferior a aquellos grandes apóstoles" (2 Corintios 11:5; 12:11) y habló de sus antepasados judíos (11:11), de sus sufrimientos (11:23-33), y de las extraordinarias revelaciones (12:1-7). Él recordó a los corintios que... "las señales de apóstol [habían] sido hechas entre [ellos] en toda paciencia, por señales, prodigios y milagros" (2 Corintios 2:12).

Apóstoles de Cristo

El sentido de Pablo de su propio llamado se refleja en la introducción de la mayoría de sus cartas: "Pablo...apóstol de Jesucristo" (1 Corintios 1:1; cf. 2 Corintios 1:1; Efesios 1:1; Colosenses 1:1, et al.) Las cartas de Pedro empiezan de manera parecida: "Pedro, apóstol de Jesucristo" (1 Pedro 1:1; cf. 2 Pedro 1:1).

Pablo usó esta designación en el texto de 1 Tesalonicenses: "Aunque podíamos seros carga como apóstoles de Cristo..." (2:6). Judas 17 se refiere a "las palabras que antes fueron dichas por los apóstoles de nuestro Señor Jesucristo."

Estas referencias dan la apariencia de que el título de "apóstol de Cristo (Jesucristo / Señor Jesucristo / Cristo Jesús)" era nomenclatura normal para todos los apóstoles a quien Cristo se había aparecido y señalado personalmente. Es casi siempre a este grupo que el título de "apóstol" se refiere en el Nuevo Testamento.

Apóstoles de las iglesias

De vez en cuando los expertos señalan una distinción entre "los apóstoles de Cristo" y "los apóstoles de las iglesias." Pablo hablaba de los "hermanos" que eran "mensajeros [*apostoloi*] de las iglesias, y gloria de Cristo" (2 Corintios 8:23). También escribió a los Filipenses acerca de "Epafrodito... vuestro mensajero [*apostolon*], y ministrador de mis necesidades" (2:25). Estas referencias proveen evidencia más que suficiente de que las iglesias primitivas usaban la palabra *apóstol* de vez en cuando para personas que no habían visto la resurrección. Sin embargo, el término en estos casos se usaba de la manera general de enviar representantes en una misión oficial de parte de los que enviaban. Por esto, las versiones de la Biblia normalmente traducen la palabra *apostolos* en los dos ejemplos anteriores como "mensajero".

Falsos apóstoles

No todas las personas de la era neotestamentaria que se llamaban apóstoles o a los que sus seguidores les dieran este título, eran de verdad apóstoles. Así como en tiempos del Antiguo Testamento había falsos profetas, también en los del Nuevo Testamento había falsos apóstoles. Mucho del contenido de la segunda carta de Pablo a los corintios refleja este asunto.

Maestros, posiblemente judíos helenísticos itinerantes de la iglesia de Jerusalén, habían llegado a Corinto aparentemente con cartas de recomendación. Parece que se jactaban de ser iguales a Pable, o aun superiores a él, en un esfuerzo por arrebatarle el liderazgo de la iglesia. Entonces sus referencias a tales asuntos como "cartas de recomendación" (2 Corintios 3:1), su presencia y palabra (10:10), "el que se alaba a sí mismo" (10:18), su herencia judía (11:22), sus muchos sufrimientos por la iglesia (11:23-33), y sus visiones y revelaciones (12:7), parecen un intento de enfrentar las amenazas.

Pablo identificaba a tales personas como "falsos apóstoles, obreros fraudulentos, que se disfrazan como apóstoles de Cristo" (2 Corintios 11:13). Jesús mismo elogió a la iglesia de Éfeso porque habían "probado a los que se dicen ser apóstoles, y no lo son, y los [han] hallado mentirosos" (Apocalipsis 2:2).

Estas referencias y otras muestran claramente que muchos que se nombraban "apóstoles", o a quienes erróneamente se había dado este título, estaban circulando por las primeras iglesias cristianas. El discernimiento era necesario. Pablo pedía una cuidadosa evaluación de los fenómenos espirituales: "No apaguéis al Espíritu. No menospreciéis las profecías. Examinadlo todo; retened lo bueno" (1 Tesalonicenses 5:19-21).

La sucesión apostólica

Un asunto crítico es si la función apostólica debería aceptarse como un ministerio institucionalizado de la iglesia. Está claro, tanto en los Hechos como en las cartas del Nuevo Testamento, que ciertos ministerios o funciones fueron instituidos y mantenidos. Por ejemplo, los apóstoles guiaron a la iglesia en la selección de siete hombres, frecuentemente llamados "diáconos", aunque este sustantivo no está en el texto, para administrar los ministerios de caridad de la iglesia (Hechos 6:3). Temprano en los escritos de los Hechos, la iglesia, probablemente familiarizada con los modelos judíos, tenía ancianos que trabajaban en posiciones de liderazgo juntos con los apóstoles (Hechos 11:30; 15:2; 16:4).

Pablo y Silas, al establecer iglesias misioneras, cuidaban de nombrar "ancianos" [*presbíteros*] para el liderazgo en ellas (Hechos 14:23). Pablo también mandó llamar a los "ancianos" [*presbíteros*] de la iglesia de Éfeso y después les llamó obispos [*episkopos*] quienes también debían ser "pastores" [*poimaino*] de la iglesia de Dios (Hechos 20:17,28).

La carta a la iglesia de Filipos indica la presencia de "obispos" [*episkopos*] y "diáconos" [*diakonos*]. Las cartas pastorales, que probablemente fueran escritas más tarde, revelan una gran preocupación por el cuidadoso nombramiento de ancianos / obispos y diáconos cualificados (1 Timoteo 3:1-12; Tito 1:3-9). Como se puede ver, los nombres por las funciones o ministerios son flexibles y se pueden intercambiar. Sin embargo, es muy cierto decir que el Nuevo Testamento provee –con tales nombres, calificaciones, y selección– para el cuidadoso nombramiento y la continuación del cargo de tales líderes como obispos, ancianos, y diáconos.

También es claro que, aunque los apóstoles (con los ancianos) eran líderes establecidos en la iglesia primitiva, no había provisiones para su reemplazo o continuación. En realidad, con la defección de Judas de su puesto apostólico, los Once buscaron el consejo divino para llenar la vacante. Otros apóstoles surgieron, Pablo inclusive, quien en su primera carta a los Corintios ilumina los aspectos de su elección.

Después de su resurrección, Jesús se apareció a los Doce, y después a más de "quinientos hermanos a la vez... Después apareció a Jacobo; después *a todos los apóstoles*; y al último de todos, como a un abortivo, me apareció a mí" (1 Corintios 15:6-8, énfasis añadido). Entonces parece que Pablo está limitando el apostolado a los que habían visto el Señor resucitado en los 40 días después de su resurrección y a él mismo por haberle visto en una dramática visión en el camino a Damasco (Hechos 9:1-9).

Hay un poco de incertidumbre acerca del número exacto y la identidad de los apóstoles. Sin embargo, aparte de los Doce, el texto del Nuevo Testamento parece designar claramente a tales personas como Pablo, Santiago el hermano de Jesús (1 Corintios 15:7; Gálatas 1:19), Bernabé (Hechos 14:14), Andrónico y Junías (probablemente una mujer) "los cuales son muy estimados entre los apóstoles" (Romanos 16:7).

Es interesante, sin embargo, que después de Judas no hay ningún lugar en el Nuevo Testamento en el que presten atención a la supuesta sucesión apostólica. No hubo intento de reemplazar a Jacobo hijo de Zebedeo (hermano de Juan), ejecutado por Herodes (Hechos 12:2).

Aparte del nombramiento original por Jesús mismo, no hay nada que trate del nombramiento de apóstoles. Y aparte de los requisitos puestos para la selección de Matías (Hechos 1:21-26) y los requisitos implícitos en las acciones de Jesús y la explicación de Pablo (1 Corintios 15:3-11), no hay instrucciones para hacer tales nombramientos. En contraste, hay calificaciones e instrucciones claras para el nombramiento de ancianos / obispos y diáconos (1 Timoteo 3:1-13; Tito 1:5-9).

Parece raro que los apóstoles de Jesucristo, preocupados con la fiel preservación de su mensaje (cf. 2 Timoteo 2:2), proveyeran para el nombramiento de obispos/ancianos, y al mismo tiempo olvidaran o desdeñaran su propia sucesión, si realmente hubiera sido suya la intención de mantener tal cosa.

En realidad, hay ciertas indicaciones exegéticas de que los apóstoles de Jesucristo no deben tener un sucesor. En 1 Corintios 15:8, Pablo hace una lista de todas las apariciones de Cristo de la resurrección y después de la resurrección, y notó que "y al último de todos... me apareció a mí."

Aunque algunos no están de acuerdo, comúnmente se entiende que esta declaración significa que Pablo se consideró a sí mismo el último apóstol a quien Cristo apareció. Si este es el significado correcto, solamente los Doce que Jesús personalmente llamó y comisionó en sus apariciones después de su resurrección constituyen sus apóstoles originales.

Los apóstoles son nombrados primeramente como un cargo o ministerio de la iglesia (1 Corintios 12:28) y después como un don espiritual (Efesios 4:11) porque son fundamentales, no necesariamente porque fueron líderes permanentes de la iglesia. El pasaje de Efesios 4:11 tiene que ser interpretado en el contexto de la carta a los Efesios, en la que Pablo ya había descrito a la iglesia como algo "edificado sobre el fundamento de los apóstoles y profetas, siendo la principal piedra del ángulo Jesucristo mismo" (Efesios 2:20), y la forma de liderazgo iniciado por Pablo en la iglesia de Éfeso y en otras iglesias que fundó (Hechos 14:23).

Escribiendo a Timoteo en Éfeso, Pablo encomienda la dirección de la iglesia a "ancianos" (sinónimo de *obispo o pastor o supervisor*) y diáconos, no apóstoles ni profetas. Cuando se despidió emocionalmente de los líderes de la iglesia de Éfeso, la cual él había establecido, su reunión fue con los ancianos (no con apóstoles ni profetas), a quienes encomendó la responsabilidad del obispo (o supervisor) y pastor (Hechos 20:28).

Es difícil escapar a la conclusión de Dietrich Müller: "Una cosa es cierta, el N[uevo] T[estamento] nunca revela ningún entendimiento de que el apostolado es un cargo institucionalizado por la iglesia, susceptible de transferirse."

La autoridad de los Apóstoles

La autoridad de los apóstoles fue modelada por el Apóstol principal, el Señor Jesucristo, quien les enseñaba que "el Hijo del Hombre no vino para ser servido, sino para servir" (Marcos 10:45). Jesús de vez en cuando reaccionaba con severidad y resolución contra ciertos pecados, como por ejemplo la profanación de la casa de su Padre (Marcos 11:15-17; Juan 2:13-16) y la hipocresía explotadora de los maestros de la Ley y los fariseos (Mateo 23).

Sin embargo, Él evitaba cuidadosamente los engaños de los políticos y del poder institucional y modeló una humildad y paciencia extraordinarias para sus apóstoles. Sus atributos divinos estaban cubiertos con la naturaleza humana y Él era la exposición y el ejemplo de la Palabra y obra de su Padre.

Aun la lectura superficial del Nuevo Testamento muestra que los apóstoles tenían autoridad. La iglesia primitiva se formó alrededor de sus enseñanzas, las cuales fueron confirmadas con "muchas maravillas y señales" que hicieron (Hechos 2:42,43). Eran los portavoces reconocidos ante los gobernantes (Hechos 4:8ss.), y su autoridad fue mostrada en tales sucesos como la muerte de Ananías y Safira (Hechos 5:1-11).

Escribiendo a los corintios, una iglesia que él fundó, Pablo amenaza con ir a ellos "con vara" (1 Corintios 4:21) y no vacila en dar instrucciones estrictas para la disciplina de un caso de incesto (1 Corintios 5:1-5). Escribiendo a la iglesia de Roma, la cual él no fundó, declara sus credenciales apostólicas (Romanos 1:1), asume el derecho de impartirles dones espirituales (1:11), y planea llegar "con abundancia de la bendición del evangelio de Cristo" (15:29). Expuso para su fe y práctica la explicación más sistemática de doctrina y verdad ética en toda las Escrituras. No vacilaba en dar instrucciones para sus problemas éticos locales como las relaciones entre los débiles y fuertes (capítulos 14, 15). Pedro también, afirmando su ministerio apostólico, escribió con autoridad a iglesias aparentemente gentiles que él no había fundado (1 Pedro 1:1).

Algunos expertos modernos insisten en que la autoridad apostólica era simplemente local, no universal, y se ejercía solamente en iglesias que los apóstoles fundaron. En realidad, parece ser que los apóstoles reconocían ciertos protocolos en las iglesias que no fundaron (Romanos 15:20; 1 Corintios 3:10). No obstante, atravesaron fronteras geográficas.

La evidencia que se presenta en todo el Nuevo Testamento indica que su autoridad era universal en asuntos de doctrina y ética, obligando de alguna forma a todas las iglesias. Sin embargo, esta autoridad no se puede tomar en términos políticos ni burocráticos. Hay poca evidencia de su participación en asuntos administrativos locales.

Cuando trabajaban juntos, uno de los apóstoles normalmente dirigía, como en las tempranas actividades de Pedro en Jerusalén y la dirección de Pablo de sus equipos misioneros. Sin embargo, cuando se trataba de problemas prácticos y doctrinales de las iglesias, los apóstoles frecuentemente compartían el liderazgo entre sí junto con los ancianos, un grupo que se agregó rápidamente al grupo de liderazgo. Por ejemplo, los Doce pidieron que la iglesia de Jerusalén escogiera a los Siete (Hechos 6).

Cuando el concilio en Jerusalén resolvió el problema cismático de que, si los gentiles tenían que guardar la ley judía, el asunto fue decidido por "los apóstoles y ancianos" (Hechos 15:4,6,22). En este o algún otro asunto, aun los dos apóstoles Pablo y Pedro inicialmente tenían opiniones opuestas (Gálatas 2:11-14). James Dunn observa pertinentemente: "La autoridad apostólica se ejerce no sobre la comunidad cristiana, sino dentro de ella; y la autoridad se ejerce... 'A fin de perfeccionar a los santos para la obra del ministerio, para la edificación del cuerpo de Cristo'" (Efesios 4:12).

Como los apóstoles frecuentemente se movían, la autoridad local en las iglesias crecientes parece haber sido ejercida por los ancianos. En la iglesia de Jerusalén, los apóstoles eran la única autoridad en el principio (Hechos 2:42; 4:37); sin embargo, quizás por su persecución y viajes, parece ser que vinieron a ser menos prominentes al pasar el tiempo.

Pedro informó a los "apóstoles y hermanos" de la conversión de Cornelio y toda su casa (11:1). Los "apóstoles y ancianos" componían el concilio en Jerusalén (15:6). Cuando Pablo regresó a Jerusalén después de su tercer viaje, llamó a "Jacobo, y todos los ancianos" (21:18). Los ancianos ciertamente eran autoridades clave en Jerusalén, como se puede ver en los Hechos, y en otros lugares en las cartas del Nuevo Testamento.

La ausencia de apóstoles en la última visita de Pablo a Jerusalén (Hechos 21:18) es más evidencia de que cuando los Doce empezaron a dispersarse, la iglesia de Jerusalén no los reemplazaba como habían hecho con la defección de Judas (Hechos 1:12-26).

Ninguna de las cartas del Nuevo Testamento fue dirigida a un apóstol, como uno esperaría si cada ciudad hubiera tenido su apóstol que gobernaba. Una de las pocas cartas que incluye el título de un puesto –Filipenses–, está dirigida a los "obispos [*episkopos*] y diáconos [*diakonos*]" (1:1), no a un apóstol local o de la ciudad. No parece que hubiera habido preocupación de poner permanentemente a un apóstol reconocido en las varias iglesias o regiones.

Las características de un apóstol

Procurando proteger a los corintios de la seducción de los "falsos apóstoles", Pablo señaló características [*semeion*, "señal", 2 Corintios 12:12] que identificaban a un apóstol genuino. De este contexto y del trasfondo general del Nuevo Testamento, lo siguiente es obvio:

1. La primera y más importante característica de un verdadero apóstol de Cristo era que había visto al Señor resucitado y había sido comisionado personalmente por Él como testigo de su resurrección (Hechos 1:21,22; 1 Corintios 9:1; 15:7,8). Entonces ellos fueron llamados apropiadamente "apóstoles de Cristo."

2. El llamado y la comisión personal del Cristo resucitado tenían que ser consumados en el bautismo en el Espíritu Santo (Hechos 2:1-4 [para Pablo, vea Hechos 9:1-17]), en cuyo tiempo el don espiritual, o *carisma*, del apostolado fue concedido. Este entendimiento se refleja, por ejemplo, en la declaración de Pablo: "Y él mismo constituyó a unos, apóstoles..." (Efesios 4:11) y "del cual yo fui hecho ministro por el don de la gracia de Dios que me ha sido dado según la operación de su poder" (Efesios 3:7). El Espíritu con su poder y ungimiento puso a los apóstoles primero entre los líderes de la iglesia (1 Corintios 12:28).

3. Los apóstoles fueron capacitados sobrenaturalmente para la predicación y la enseñanza profética. Para ilustrar, cuando el Espíritu cayó en Pentecostés, los discípulos hablaron "en otras lenguas, según el Espíritu les daba [*apophthengomai*] que hablasen" (Hechos 2:4). Encarados con las confusas y contradictorias opiniones de la multitud, Pedro "poniéndose en pie con los once, alzó la voz y les habló diciendo" [*apophthengomai*] (2:14) en una magistral explicación que tuvo por resultado la conversión de 3.000 almas.

El verbo griego *apophthengomai* se usa para indicar la inspiración profética, que en este contexto es el resultado inmediato de la facilitación del Espíritu. Pablo expresaba mucho la misma conciencia: "Ni mi palabra ni mi predicación fue con palabras persuasivas de humana sabiduría, sino con demostración del Espíritu y de poder" (1 Corintios 2:4).

4. Con el don apostólico también vinieron los dones espirituales milagrosos (1 Corintios 12:8-10). "Las marcas [*semeia*, "señales"] distintivas de un apóstol ["las señales de apóstol", RVR-1960], tales como señales, prodigios y milagros, se dieron constantemente entre ustedes" (2 Corintios 12:12, NVI). El libro de los Hechos atribuye numerosos milagros a Pedro, Pablo, y a los otros apóstoles (Hechos 5:12; 9:32-43; 13:6-12; 14:3; 16:16-18; 19:11; 28:7-9).

Obviamente, Pablo consideraba tal ministerio milagroso como una característica esencial del verdadero apóstol. Él también enseñó y predicó entre ellos "con demostración del Espíritu y de poder" para que su "fe no esté fundada en la sabiduría de los hombres, sino en el poder de Dios" (1 Corintios 2:4,5).

5. Los apóstoles eran los maestros con autoridad en la iglesia primitiva, tanto en las creencias como en la práctica. Más que otra cosa fueron encomendados con la precisión y pureza del evangelio de Jesucristo. Como Pablo escribió, "porque primeramente os he enseñado lo que asimismo recibí: Que Cristo murió por nuestros pecados, conforme a las Escrituras; y que fue sepultado, y que resucitó al tercer día, conforme a las Escrituras" (1 Corintios 15:3,4; cf. Hechos 2:42; Romanos 16:17; Gálatas 1:8; Tito 1:9).

El motivo de sus predicaciones y enseñanzas es expresado en Efesios 4:12,13: "A fin de perfeccionar a los santos para la obra del ministerio, para la edificación del cuerpo de Cristo." La doctrina apostólica se hizo el contenido del canon del Nuevo Testamento. Se entiende que los apóstoles escribieron los libros canónicos o eran el principal origen y garantizadores de su naturaleza inspirada.

6. Los apóstoles fueron comisionados como misioneros y plantadores de iglesias. Los que están en el Nuevo Testamento hicieron esto con buen éxito. La Gran Comisión (Mateo 28:16-20) fue dada específicamente a los Once, quizás junto con los "más de quinientos" (1 Corintios 15:6). El impulso misionero tiene vida por medio de los informes de la comisión apostólica (cf. Lucas 24:47; Juan 20:21; Hechos 1:8; 9:15; 22:15; 26:17,18; Gálatas 1:15-17; et al.).

7. Sufrir por la causa de Cristo parece haber sido una característica principal del ministerio apostólico. Con su larga historia personal de sufrimientos por el evangelio Pablo validó su ministerio y equipó a la iglesia de Corinto contra las seducciones de los falsos apóstoles.

Por lo cual, por amor a Cristo me gozo en las debilidades, en afrentas, en necesidades, en persecuciones, en angustias; porque cuando soy débil, entonces soy fuerte. 2 Corintios 12:10

Ahora me gozo en lo que padezco por vosotros, y cumplo en mi carne lo que falta de las aflicciones de Cristo por su cuerpo, que es la iglesia. Colosenses 1:24

8. Los apóstoles tenían alma de pastor y eran de naturaleza sociables. El amor de Pablo por sus feligreses y sus compañeros del ministerio fluye en sus cartas. Los saludos extensos y cariñosos en la conclusión de Romanos son notables (16:1-16). Repetidamente usa un vocabulario paternal (cf. 1 Corintios 4:15; 2 Corintios 12:14,15). A los corintios, los celaba "con celo de Dios" (2 Corintios 11:2).

A los de Tesalónica, Pablo escribió que los amaba y cuidaba como "nodriza que cuida con ternura a sus propios hijos" (1 Tesalonicenses 2:7). El lenguaje en las cartas de Pedro (1 Pedro 4:12; 2 Pedro 3:1) y Juan (1 Juan 2:7, et al.) destaca los mismos instintos pastorales.

Los profetas del Nuevo Testamento

Los "profetas" siguen inmediatamente después de "apóstoles" en la lista de dones ministeriales (Efesios 4:11), y su actividad está muy conectada con la de los apóstoles en todo el Nuevo Testamento. Pablo tenía una alta opinión de su función: "Y a unos puso Dios en la iglesia, primeramente apóstoles, luego profetas..." (1 Corintios 12:28). Además, la iglesia está edificada "sobre el fundamento de los apóstoles y profetas, siendo la principal piedra del ángulo Jesucristo mismo" (Efesios 2:20). Junto con los apóstoles, los profetas eran dones complementarios para la era del fundamento de la iglesia.

Las descripciones históricas del Nuevo Testamento afirman estos papeles complementarios. Los profetas del Nuevo Testamento primero aparecieron por nombre en los Hechos, cuando un grupo, que aparentemente vivía en Jerusalén, fue a Antioquía y uno de ellos, Agabo, predijo correctamente la gran hambre que venía (Hechos 11:27-30). Pronto Antioquía tenía su propio grupo de profetas que residían allí: Bernabé, Simón, Lucio, Manaén, y Saulo (Pablo) (Hechos 13:1).

Otros dos líderes y profetas de Jerusalén fueron escogidos para llevar la carta del concilio a Antioquía, Siria, y Cilicia, y durante el viaje "consolaron y confirmaron a los hermanos con abundancia de palabras" (Hechos 15:22,32). Al regresar Pablo de su tercer viaje misionero, se quedó en casa de Felipe el evangelista, que "tenía cuatro hijas doncellas que profetizaban", y aprendimos que las mujeres eran activas y reconocidas como profetas. En este tiempo, Agabo viajó de Jerusalén a Cesarea y profetizó que los judíos de Jerusalén atarían a Pablo y lo entregarían a los gentiles (Hechos 21:10,11).

Las cartas de Pablo, escritas antes que el libro de los Hechos, indican la presencia de profetas tanto en las iglesias que él había establecido como en las que no estableció (e.g. la iglesia de Roma). Por ejemplo, él proveyó instrucciones sobre las actividades en Corinto (1 Corintios 14:29-32), diciendo que las profecías tenían que ser probadas según la doctrina apostólica (1 Corintios 14:37). Mujeres eran profetas en la iglesia de Corinto (1 Corintios 11:5,6). Los romanos deberían usar su don de profecía "conforme a la medida" de su fe (Romanos 12:6).

Los tesalonicenses fueron amonestados a que "no [menospreciar] las profecías" (1 Tesalonicenses 5:20). La carta de Efesios registra la opinión de Pablo de que, junto con los apóstoles, los profetas eran fundamentales para la iglesia

(Efesios 2:20). En esa capacidad eran, junto con los apóstoles, recipientes de revelación divina (Efesios 3:5) y un don de ministerio a la iglesia (Efesios 4:11). Al escribir a Timoteo, Pablo notó que un mensaje profético había acompañado a la imposición de las manos por los ancianos (1 Timoteo 4:14).

Aparentemente, el libro de Apocalipsis se entiende como una profecía, otorgando así a Juan el ministerio o la función de profeta (Apocalipsis 1:3). Apocalipsis también dice que la iglesia necesita protegerse de los falsos profetas, en este caso "Jezabel", que distorsionan el evangelio apostólico con sus enseñanzas y su conducta (Apocalipsis 2:20).

Estos informes muestran claramente que:

1) había grupos de profetas reconocidos en la iglesia primitiva frecuentemente asociados con los apóstoles;

2) los apóstoles (como Bernabé, Silas [los dos parecen ser reconocidos como apóstoles], Saulo [Pablo], y Juan) también servían como profetas (Hechos 13:1; 15:32; Apocalipsis 1:3);

3) estos profetas sí viajaban de vez en cuando de iglesia en iglesia;

4) tanto hombres como mujeres fueron reconocidos como profetas;

5) los profetas tenían influencia espiritual junto con los apóstoles y ancianos en las creencias y prácticas de la iglesia primitiva, aunque nunca se les asignaron responsabilidades específicas en como profetas, como es el caso con los obispos/ancianos;

6) los profetas conservaban su integridad con auténticas declaraciones inspiradas que se adherían a las Escrituras y doctrina apostólica; y

7) no hay instrucciones de cómo calificar como profeta ni cómo nombrar profetas como parte de la jerarquía del liderazgo de la iglesia para siguientes generaciones.

El don de profecía

Aunque había profetas reconocidos en la era del Nuevo Testamento, lo que tenía más impacto era el don de profecía que activaba a la iglesia apostólica. El profeta Joel del Antiguo Testamento, movido por Dios, profetizó:

Después de esto derramaré mi Espíritu sobre toda carne, y profetizarán vuestros hijos y vuestras hijas; vuestros ancianos soñarán sueños, y vuestros jóvenes verán visiones. Y también sobre los siervos y sobre las siervas derramaré mi Espíritu en aquellos días. Joel 2:28,29

De forma significativa, Pedro, cuando explicó el suceso de Pentecostés, y relacionó la evidencia de las lenguas con la predicción de Joel del derramamiento del Espíritu, y dos veces repitió que hijos e hijas y hombres y mujeres profetizarían (Hechos 2:17,18). El sermón de Pedro claramente era una profecía inmediatamente inspirada por el Espíritu, como indica el verbo "habló [*apophthegomaï*]" (Hechos 2:14), que significa "hablar como profeta".

Cuando se examina el testimonio a Cristo dado por los líderes de la iglesia primitiva en los Hechos, el impulso profético es obvio – y sin duda la intención de Lucas Las palabras de Pedro a un cojo (Hechos 3:6), a las personas en el templo (Hechos 3:12ss), al concilio (Hechos 4:8), a Ananías y a Safira (Hechos 5:1-11), y a otros, estaban llenas de importancia profética. La elocuencia y el poder de Esteban son proféticos (Hechos 7). El impacto de las predicaciones de Felipe (Hechos 8:4-8) y otros creyentes no nombrados (Hechos 11:19-21) también fue posible por medio del Espíritu. Y así es en todo el libro de los Hechos.

Aunque es demasiado decir que cada declaración del creyente es una profecía, el tema de los Hechos es que cada creyente recibe el poder del Espíritu Santo para ser un testimonio profético del Señor Jesucristo resucitado (Hechos 1:8). Curiosamente, Juan notó, "el testimonio de Jesús es el espíritu de la profecía" (Apocalipsis 19:10). Todos los creyentes son parte de una misión "profética"universal y están dotados con uno o más dones espirituales, de los cuales muchos tienen que ver directamente con declaraciones sabias, instructivas, y edificantes (Romanos 12:6-8; 1 Corintios 12:8-10; Efesios 4:7-13; 1 Pedro 4:10).

Pablo claramente enseña que cada creyente no será un profeta en términos de un "puesto" reconocido ni aun de ser usado regularmente por el Espíritu de esta manera (1 Corintios 12:28,29). La identificación de un don de profecía separado implica esto. Sin embargo, al mismo tiempo, anima a que todos los creyentes "ambicionen los dones espirituales, sobre todo el de profecía" (1 Corintios 14:1, NVI), porque el creyente en Cristo que profetiza lo hace "para edificación, exhortación y consolación" de los demás (1 Corintios 14:3).

No hay limitaciones en el Espíritu de profecía. En las palabras del sermón profético de Pedro, "porque para vosotros es la promesa, y para vuestros hijos, y para todos los que están lejos; para cuantos el Señor nuestro Dios llamare" (Hechos 2:39).

Conclusiones

El propósito de este documento ha sido estudiar el papel de los apóstoles y profetas dentro del contexto ministerial de Efesios 4:11,12, y presentar las conclusiones tanto consistentes con las Escrituras como pertinentes a este tiempo estratégico en el crecimiento del movimiento pentecostal. El propósito no es controversial ni polémico sino "guardar la unidad del Espíritu en el vínculo de la paz" (Efesios 4:3). Con estas consideraciones en mente, se ofrecen las siguientes conclusiones:

1. La naturaleza apostólica de la iglesia se encuentra en la adhesión a la Palabra de Dios, la cual ha sido transmitida fielmente por los apóstoles de Jesucristo en su papel fundamental, y en participación vital en la vida y ministerio del Espíritu Santo, quien bautizó, dotó, y guió a los primeros apóstoles.

2. Siendo que el Nuevo Testamento no provee instrucciones para el nombramiento de futuros apóstoles, tales puestos contemporáneos no son esenciales a la salud ni al crecimiento de la iglesia, ni a su naturaleza apostólica.

3. Aunque entendemos que no es necesario, algunas iglesias quizás en buena fe y cuidadosa definición bíblica, escogerán nombrar a algunos líderes apóstoles. La palabra "apóstol" [*apostolos*] se usa de diversas maneras en el Nuevo Testamento:

1) para designar a los Doce discípulos originalmente nombrados por Jesús (y después Matías);

2) para los Doce más Pablo y un grupo más grande (1 Corintios 15:3-8) del cual los números exactos son inciertos; y

3) para otros como Epafrodito (Filipenses 2:25) y los otros "hermanos" no nombrados de los cuales escribió Pablo (2 Corintios 8:23).

Los grupos uno y dos, llamados y comisionados personalmente por el Señor resucitado, frecuentemente son llamados "los apóstoles de Jesucristo" en las Escrituras, y son apóstoles fundamentales (Efesios 2:20) con funciones o ministerios reveladores únicos y autoridad para establecer la iglesia y producir el Nuevo Testamento. El tercer grupo, los "apóstoles de las iglesias", se compone de aquellos a quienes se les asignó funciones y responsabilidades específicas por las iglesias primitivas cuando hubo necesidad.

Obviamente, los apóstoles contemporáneos no han visto al Señor resucitado ni han sido comisionados por Él de la misma manera que "los apóstoles de Jesucristo", ni van a añadir sus enseñanzas al canon de las Escrituras. Se supone que demostrarán las otras características de un apóstol que se encuentran en el Nuevo Testamento.

4. El título de apóstol no debe ser otorgado ni asumido a la ligera. Históricamente, los apóstoles han sido personas reconocidas por su madurez espiritual, su lealtad, y gran eficacia en la obra de la iglesia.

Las advertencias de Pablo "para quitar la ocasión a aquellos que la desean, a fin de que en aquello en que se glorían, sean hallados semejantes a nosotros", su afirmación de que "son falsos apóstoles, obreros fraudulentos, que se disfrazan como apóstoles de Cristo", y su conexión de ellos con "Satanás

[que] se disfraza como ángel de luz" (2 Corintios 11:12-13), dan qué pensar; recuerdos de que el orgullo humano desencadenado en la búsqueda de una posición de liderazgo en la iglesia puede dejar a uno ciego a las asechanzas del diablo. Personas faltas de carácter quizás se llamen apóstoles para dominar o ejercer control sobre otros creyentes, obviando la necesidad de dar cuentas a los miembros bajo su cuidado o a los ancianos espirituales de su propia congregación.

5. La función de apóstol se manifiesta cuando la iglesia de Jesucristo está siendo establecida en medio de los no-evangelizados. Como pentecostales, deseamos con fervor que haya una generación de hombres y mujeres que hicieran función de apóstoles: llevar el evangelio con señales a las personas aquí en nuestra tierra y en el exterior que todavía no han escuchado o entendido que "de tal manera amó Dios al mundo, que ha dado a su Hijo unigénito, para que todo aquel que en él cree, no se pierda, mas tenga vida eterna" (Juan 3:16).

6. La profecía es un don continuo del Espíritu Santo que siempre estará distribuido ampliamente en una iglesia santa y receptiva hasta que Jesús venga. El Espíritu soberanamente escoge y dirige a las personas que están abiertas y son sensibles a sus dones y recordatorios y las dota diversamente con una variedad de dones verbales. Pablo amonestó: "Seguid el amor; y procurad los dones espirituales, pero sobre todo que profeticéis" (1 Corintios 14:1). Quizá se esperará que muchas personas, tanto hombres como mujeres, ejerzan el don de profecía en maneras diversas, como se puede ver en el Nuevo Testamento.

El Nuevo Testamento no da instrucciones para el establecimiento del profeta en la estructura gobernante jerárquica de la iglesia; en realidad, el contenido de una profecía siempre debe ser probado por la superior autoridad de las Escrituras y ser responsable ante ellas. Sin embargo, la iglesia debe anhelar la profecía auténtica con un mensaje que es pertinente a las necesidades contemporáneas y sujeto a la autoridad de las Escrituras.

Finalmente, en Efesios 4:11,12 los dones son la herencia histórica y contemporánea de la Iglesia. Algunas funciones apostólicas y proféticas que fluyen de personas directamente comisionadas por el Señor resucitado y operan en capacidades reveladoras parecen ser claramente una función de la primera era de la Iglesia.

Al mismo tiempo, algunas de estas funciones que tratan de la revitalización, expansión, y alimentación de la iglesia deben estar presentes en cada generación. Animamos a que cada creyente, guiado y lleno por el Espíritu, a que se deje utilizar como siervo del Señor, porque se necesita de todos los dones para edificar y completar el cuerpo y también para movilizar al cuerpo a alcanzar el mundo. Entonces se realizará el propósito de todos los dones de ministerio:

A fin de perfeccionar a los santos para la obra del ministerio, para la edificación del cuerpo de Cristo, hasta que todos lleguemos a la unidad de la fe y del conocimiento del Hijo de Dios, a un varón perfecto, a la medida de la estatura de la plenitud de Cristo. Efesios 4:12,13

Preguntas prácticas acerca de los apóstoles y profetas

1. ¿Reconoce las Asambleas de Dios los apóstoles y profetas actuales?

Las Asambleas de Dios reconoce los ministros como certificados, licenciados, u ordenados. El trabajo de los concilios de distrito y del Concilio General se administra por los presbíteros y superintendentes. Las iglesias locales nombran a diáconos. Las Asambleas de Dios cree que esta práctica es consecuente con las enseñanzas apostólicas provistas en las cartas pastorales de 1 y 2 Timoteo, y Tito.

Las cartas pastorales no proveen información acerca del nombramiento de apóstoles ni de profetas, y el libro de los Hechos no indica que tal provisión fuera dada en las iglesias establecidas en los viajes misioneros. Los apóstoles no nombraron ni apóstoles ni profetas sino ancianos (Hechos 14:23). Al terminar los viajes misioneros, Pablo se reunió con los ancianos de la iglesia de Éfeso (Hechos 20:17-38). Claramente, a los ancianos también fue dada la función de obispos ("supervisor") y pastores (Hechos 20:28; 1 Pedro 5:2).

Entonces, dentro de las Asambleas de Dios, las personas no son reconocidas por el título de apóstol o profeta. Sin embargo, muchos dentro de la iglesia ejercen la función ministerial de apóstoles y profetas. La función apostólica normalmente viene en el contexto de abrir nuevas obras en un área no evangelizada o con personas no alcanzadas. La plantación de más de 225.000 iglesias alrededor del mundo desde 1914 por las Asambleas de Dios no hubiera sido posible si las funciones apostólicas no hubieran estado presentes.

En la iglesia primitiva, los falsos apóstoles no empezaban nuevos ministerios; se apoderaban de los ministerios establecidos por otros. La función profética se manifiesta cuando los creyentes hablan con el ungimiento del Espíritu para fortalecer, animar, y consolar (1 Corintios 14:3). Se debe examinar cuidadosamente cada profecía (1 Corintios 14:29). Una profecía que predice puede ser verídica, pero el profeta cuya doctrina se aparta de las verdades bíblicas, es falso. Cuando una profecía que predice no se cumple, la conclusión es que la persona es un falso profeta (Deuteronomio 18:19-22).

Finalmente, se debe notar que los títulos no son tan importantes como el ministerio mismo. Muchas veces el título da lugar a una actitud de orgullo humano. El título no es lo que hace a la persona o al ministerio. La persona que ministra es que da significado al título. Cristo claramente advirtió a sus discípulos contra la engañosa búsqueda de los títulos (Mateo 23:8-12). Nos dice que...

los gobernantes de las naciones se enseñorean de ellas, y los que son grandes ejercen sobre ellas potestad. Mas entre vosotros no será así, sino que el que quiera hacerse grande entre vosotros será vuestro servidor, y el que quiera ser el primero entre vosotros será vuestro siervo; como el Hijo del Hombre no vino para ser servido, sino para servir, y para dar su vida en rescate por muchos. Mateo 20:25-28

2. ¿Cuál es la implicación para la iglesia local en el énfasis actual de apóstoles y profetas?

Los movimientos pentecostales y carismáticos han visto varios énfasis teológicos excesivos o erróneos a través de los años. Tenemos gran preocupación por los que no creen en el gobierno congregacional de la iglesia, que no confían en la madurez de la iglesia local para gobernarse a sí misma según las Escrituras y el Espíritu. Tales líderes prefieren estructuras más autoritarias donde sus palabras y decretos no son objetados.

En el énfasis actual de Efesios 4:11, se descuida el v. 12: "A fin de perfeccionar a los santos para la obra del ministerio [i.e. servicio], para la edificación del cuerpo de Cristo." El énfasis del Nuevo Testamento recae sobre el ministerio de cada creyente. La Reforma Protestante volvió a captar la verdad bíblica del sacerdocio de cada creyente.

El movimiento pentecostal se ha extendido como fuego rápido a través del mundo por el ministerio de los dones espirituales del cuerpo entero. La iglesia siempre tiene que recordar que los dones de liderazgo no son dados para la exaltación de unos pocos, sino para la capacitación de todo el pueblo de Dios para el ministerio.

3. ¿Deben las iglesias de las Asambleas de Dios recibir los ministerios de apóstoles y profetas?

Animamos a las iglesias a que presten atención especial a las siguientes provisiones de los Reglamentos del Concilio General: Los pastores y líderes de las asambleas deben hacer la debida indagación respecto de las personas que buscan ingresar en capacidad de maestro, ministro, o pastor. Se debe negar el uso del púlpito hasta que se haya determinado la integridad y la confiabilidad espirituales. Se recomienda que las iglesias de las Asambleas de Dios empleen a ministros de las Asambleas de Dios, ya que el utilizar a ministros que no son de las Asambleas de Dios podría traer confusión y problemas en detrimento de la Confraternidad (Artículo VI, Sección 3).

Esta provisión de los reglamentos concuerda con la responsabilidad de cuidado dada a los pastores (Hechos 20:28-31) y a los líderes del cuerpo de Cristo (1 Timoteo 5:22, 2 Timoteo 4:3-5).

Declaración oficial sobre los apóstoles y profetas adoptada el 6 de agosto del 2001 por el Presbiterio General del Concilio General de las Asambleas de Dios.

8

El ministerio pentecostal y la ordenación

Normas doctrinales de las Asambleas de Dios

La palabra *ministerio* por lo general se usa para identificar el trabajo del clero cristiano. En su sentido bíblico, sin embargo, *ministerio* es un término más completo que adecuadamente denota el trabajo de toda la iglesia, el cuerpo de Cristo en el mundo. Ministerio es lo que la iglesia hace en obediencia a los mandatos de su Señor.

La palabra *ministerio* comúnmente se usa para traducir varias palabras del Nuevo Testamento, siendo la más común *diakonia*[1] ("servicio, ministerio") y sus formas derivadas. El conjunto de palabras *diakonia*, incluye también el verbo *diakoneD* ("servir, ministrar") y el sustantivo *diakonos* ("siervo, ministro, diácono"), aparece alrededor de 100 veces y denota básicamente el humilde servicio que una persona ofrece a otra. En la época del Nuevo Testamento por lo general correspondía al siervo que atendía las mesas o cumplía alguna otra tarea de poca importancia.

Jesús, el modelo de nuestro ministerio

En el Nuevo Testamento Jesucristo enseña acerca del ministerio y muestra cómo debe efectuarse, y no es posible comprenderlo ni llevarlo a cabo excluyendo a Cristo. Por consiguiente, un estudio bíblico del ministerio debe comenzar con la vida y las enseñanzas de nuestro Señor como se presentan en el Nuevo Testamento.

El ministerio es *encarnativo*. En Jesús de Nazaret, Dios vino a vivir entre los hombres. El Evangelio según Juan afirma: "Y aquel Verbo fue hecho carne, y habitó entre nosotros" (Juan 1:14)[2]. La designación que Mateo hace de Jesús,

---

1 Donde los términos griegos han sido transliterados, para sencillez y coherencia los sustantivos se indicarán en nominativo singular y los verbos serán en presente indicativo, primera persona, singular.

2 El texto bíblico ha sido tomado de la versión Reina-Valera © 1960 Sociedades Bíblicas en América Latina; © renovado 1988 Sociedades Bíblicas Unidas.

nacido de una virgen, como "Emanuel... Dios con nosotros" (Mateo 1:23), enseña lo mismo. El Hijo de Dios asumió completa humanidad para acercarse a sus criaturas humanas y asegurarles redención por medio de su sacrificio expiatorio en la Cruz. Como Pablo afirma: "Dios estaba en Cristo reconciliando consigo al mundo" (2 Corintios 5:19).

El ministerio es *kerygmático*. Tomado del sustantivo *krygma* ("proclamación"), este término subraya la centralidad de la predicación del evangelio. En ningún lugar es más evidente que en el sermón de Jesús en Nazaret: "El Espíritu del Señor está sobre mí, por cuanto me ha ungido para dar buenas nuevas [*euangelízomai*] a los pobres; me ha enviado a sanar a los quebrantados de corazón; a pregonar [*kDrussD*] libertad a los cautivos, y vista a los ciegos; a poner en libertad a los oprimidos; a predicar [*kDrussD*] el año agradable del Señor" (Lucas 4:18,19).

El ministerio *se realiza en el poder del Espíritu Santo*. Notablemente, los Evangelios describen la venida del Espíritu sobre Jesús al inicio de su ministerio, inmediatamente después de su bautismo y antes de su actividad pública (Mateo 3:16; Marcos 1:10; Lucas 3:22; Juan 1:32). Pedro describe este acontecimiento como "unción" que dio poder a Jesús para su obra: "Después del bautismo que predicó Juan: cómo Dios ungió [*chriD*] con el Espíritu Santo y con poder a Jesús de Nazaret, y cómo éste anduvo haciendo bienes y sanando a todos los oprimidos por el diablo, porque Dios estaba con él" (Hechos 10:37,38). Unas cuantas veces Jesús mismo se refirió al poder del Espíritu que obraba en sus milagros (Mateo 12:28; Lucas 4:14,18).

El ministerio es *servicio en humildad*. Para contrarrestar el instinto de bien personal de los discípulos, Jesús señaló la naturaleza de su propio ministerio: "Porque el Hijo del Hombre no vino para ser servido [*diakoneD*], sino para servir [*diakoneD*], y para dar su vida en rescate por muchos" (Marcos 10:45). Lucas también da a conocer las palabras de Jesús: "Yo estoy entre vosotros como el que sirve [*diakoneD*]" (Lucas 22:27). El suceso que mejor ilustra esta actitud de Jesús es la Última Cena, donde Él escarmentó a sus competitivos seguidores: "Pues si yo, el Señor y el Maestro, he lavado vuestros pies, vosotros también debéis lavaros los pies los unos a los otros" (Juan 13:14).

El ministerio es *apacentamiento*. Jesús se describió como un fiel y bondadoso pastor que conoce a cada una de sus ovejas y las guía a aguas de reposo y delicados pastos (cfr. Juan 10:1-18). Sin abusar ni aprovecharse de la situación, el Buen Pastor interpone su propio cuerpo entre las ovejas y cualquier peligro.

Jesús enfatizó varias veces: "El buen pastor su vida da por las ovejas" (Juan 10:11,15,17,18). En otros pasajes del Nuevo Testamento, se describe a Jesús como "el gran pastor de las ovejas" (Hebreos 13:20), "Pastor y

Obispo de vuestras almas" (1 Pedro 2:25), y el "Príncipe de los pastores" (1 Pedro 5:4).

El ministerio de Jesús culminó en su muerte, la cual voluntariamente padeció como ofrenda sustitutiva por el pecado de la humanidad (Mateo 26:28; Marcos 10:45). En su vida y en su muerte se entregó a sí mismo por otros.

La Iglesia como extensión del ministerio de Cristo

Los Evangelios indican que el propósito de Jesucristo fue extender su ministerio por medio de la iglesia que Él mismo establecería y edificaría (Mateo 16:18). Una de sus primeras obras fue llamar y designar apóstoles "para que estuviesen con él, y para enviarlos a predicar" (Marcos 3:14), lo cual Él hizo.

Después de su muerte y resurrección, de manera explícita, Cristo comisionó a los apóstoles para que continuaran su ministerio. Con la declaración de su autoridad en el cielo y en la tierra, les encomendó:

Por tanto, id, y haced discípulos a todas las naciones, bautizándolos en el nombre del Padre, y del Hijo, y del Espíritu Santo; enseñándoles que guarden todas las cosas que os he mandado. Mateo 28:19,20

Siguiendo con este énfasis, Lucas registra la predicción de Jesús de que el arrepentimiento y perdón de pecados sería predicado en su nombre a todas las naciones. Los discípulos serían sus testigos, y con ese fin muy pronto recibirían el prometido poder celestial (Lucas 24:46-49). El Evangelio según Juan describe la comisión de Jesús a los discípulos: "Como me envió el Padre, así también yo os envío" (20:21). Entonces Jesús sopló sobre ellos y dijo: "Recibid el Espíritu Santo" (20:22).

La realidad de un derivado y continuo ministerio llevó a los discípulos a buscar un reemplazante para Judas. Al echar suertes entre Barsabás y Matías, oraron: "Tú Señor... muestra cuál de estos dos has escogido, para que tome la parte de este ministerio y apostolado, de que cayó Judas por transgresión, para irse a su propio lugar" (Hechos 1:24,25). Los apóstoles tenían muy presente la prioridad del ministerio de la Palabra y por eso escogieron siete varones que atendieran los servicios sociales de la iglesia (Hechos 6:4). La labor central del liderazgo en la iglesia primitiva era la proclamación [*kerygma*] ungida de la palabra de Dios a su pueblo.

La participación en el ministerio no se limitaba a los Doce, ni siquiera al grupo mayor de apóstoles que incluía a Pablo, Jacobo, y tal vez otros más. Los colaboradores de los apóstoles eran llamados *diakonos* o "ministros", como: Febe (Romanos 16:1); Tíquico (Efesios 6:21); Épafras (Colosenses 1:7); Timoteo (1 Timoteo 4:6). De otros se dice que participaban en *diakonia* ("ministerio" o "servicio "): la familia de Estéfanas (1 Corintios 16:15), Arquipo (Colosenses 4:17), y Marcos (2 Timoteo 4:11).

Se escogía a cualificados ancianos y en oración se los comisionaba para el ministerio en cada nueva iglesia que fundaban los misioneros (Hechos 14:23). El ministerio, entonces, no era prerrogativa única de una élite apostólica o sacerdotal que luego fuera transferido de generación en generación por un rito de sucesión apostólica. Era un dominante y vibrante don del Espíritu que formaba y vigorizaba líderes dondequiera que se fundara iglesias.

La función del Espíritu Santo en el ministerio

La necesidad de investidura espiritual para el ministerio es aparente en Jesús y los apóstoles. Un requisito en el ministerio de Jesús fue lo que sucedió en su bautismo cuando el Espíritu vino sobre Él (Marcos 1:9-13). Jesús dio claras instrucciones a los apóstoles de que permanecieran en Jerusalén hasta que hubieran recibido Espíritu Santo que les había prometido (Lucas 24:49; Hechos 1:4,5).

Sólo después del bautismo en el Espíritu el Día de Pentecostés se lanzaron al ministerio público. Desde ese momento, cumplieron sus ministerios con un notable sentido del poder y la sabiduría del Espíritu. El relato de Hechos demuestra que el bautismo en el Espíritu, seguido por el continuo fortalecimiento del Espíritu, es esencial para un efectivo ministerio cristiano.

El entendimiento de Pablo respecto de su propia iniciación en el ministerio es revelador. "Del cual [el evangelio] yo fui hecho ministro [*diakonos*] por el don [*dDrea*] de la gracia [*charis*] de Dios que me ha sido dado según la operación [*energeia*] de su poder [*dunamis*]" (Efesios 3:7). No hay duda de la comprensión de Pablo de que había sido "llamado" (Romanos 1:1). Él también tenía excelente preparación teológica (Hechos 22:3); pero al describir su ministerio, era mucho más natural para él hablar de la obra interior del Espíritu, que de manera sobrenatural lo dotaba para que fuera ministro del evangelio de Cristo.

Ese mismo sentido de obra soberana y sobrenatural en la preparación de ministros está presente en la exhortación de Pablo a los ancianos de Éfeso, que se refiere en Hechos: "Mirad por vosotros, y por todo el rebaño en que el Espíritu Santo os ha puesto por obispos" (20:28). Aunque probablemente fue un elemento clave en la ordenación pública de estos ancianos, Pablo tenía plena conciencia de una anterior y poderosa obra del Espíritu cuya "ordenación" pública meramente facilitó.

A través de la historia, la iglesia ha denominado como "llamado al ministerio" la elección divina al servicio vocacional. En efecto, las Escrituras con frecuencia indican que Dios llama a individuos a dedicar su vida exclusivamente a su servicio. Abraham (Génesis 12:1), Moisés (Éxodo 3:6,10), e Isaías (Isaías 6:8,9) son ejemplos del Antiguo Testamento. En el Nuevo Testamento, Jesús personalmente llamó a los Doce (Marcos 3:13,14), y el Espíritu Santo con un mensaje profético apartó a Pablo y a Bernabé para la obra misionera (Hechos 13:2).

Las Escrituras también favorecen el concepto tradicional de la iglesia de un llamado interior, que describe la consciencia personal del individuo de un llamado de Dios al ministerio, y un llamado externo que da testimonio a la iglesia de que Dios en realidad ha llamado al individuo. Pero siempre hay que recordar que quienes han sido llamados al ministerio han sido primeramente dotados en forma sobrenatural por el Espíritu para que cumplan el llamado. Como Pablo, llegan a ser ministros "por el don [*dDrea*] de la gracia [*charis*] de Dios que me ha sido dado según la operación [*energeia*] de su poder [*dunamis*]" (Efesios 3:7).

Dones espirituales para el ministerio

Si es cierto que los dones y el poder del Espíritu afectan el ministerio, entonces el énfasis del Nuevo Testamento en los dones espirituales asume un mayor significado. Pablo, especialmente, insiste en dar atención a los dones espirituales. A los corintios escribió: "De tal manera que nada os falta en ningún don [*charisma*]..." (1 Corintios 1:7). Y a los romanos: "Porque deseo veros, para comunicaros algún don espiritual [*charisma ... pneumatikon*], a fin de que seáis confirmados" (1:11). Aunque en este último caso Pablo usó juntas ambas palabras –*charisma y pneumatikon*–, su término preferido para don espiritual es charisma. Con menos frecuencia usó el término *pneumatikon*, que significa también "dones espirituales" (1 Corintios 12:1,28; 14:1).

Una amplia gama de dones espirituales afecta y acompaña el ministerio multifacético ya observado en el Nuevo Testamento. El libro de los Hechos de los Apóstoles, con su repetido énfasis en la poderosa y sabia dirección del Espíritu de la misión cristiana, con muchas señales y maravillas, parece ser una teología narrativa de los dones espirituales.

La enseñanza más amplia de las epístolas del Nuevo Testamento señala que un don especial (o dones) del Espíritu ha sido dado a cada creyente como requisito para uno o más ministerios especiales: "Pero *a cada uno de nosotros fue dada la gracia [charis]* conforme a la medida del don [*dDrea*] de Cristo" (Efesios 4:7).

"De manera que, teniendo diferentes dones [*charisma*], según la gracia [*charis*] que nos es dada" (Romanos 12:6). "Pero a cada uno le es dada la manifestación del Espíritu para provecho" (1 Corintios 12:7). En 1 Pedro 4:10 se hace un énfasis similar: "Cada uno según el don [*charisma*] que ha recibido, minístrelo [*diakoneD*] a los otros, como buenos administradores de la multiforme gracia [*charis*] de Dios."

El escritor de Hebreos señala: "Testificando Dios [de la salvación anunciada primero por nuestro Señor Jesús] juntamente con ellos, con señales y prodigios y diversos milagros y repartimientos [*merismos*, lit., "distribución, dones"] del Espíritu Santo según su voluntad" (2:4).

El Nuevo Testamento incluye varias importantes listas de dones espirituales, identificadas como tales por las palabras *charisma, pneumatikon, doma,* o *dDrea*. Están los familiares nueve dones del Espíritu en 1 Corintios 12:8-10: palabra de sabiduría, palabra de ciencia, fe, dones de sanidades, el hacer milagros, profecía, discernimiento de espíritus, diversos géneros de lenguas, e interpretación de lenguas. Varios de estos dones se hallan también en las listas de Romanos 12:6-8, 1 Corintios 12:28-30, y Efesios 4:11.

Estos nueve dones fácilmente pueden ser reconocidos como sobrenaturales y espontáneos, siempre bajo el inmediato control del Espíritu, que para su manifestación usa a creyentes obedientes y sensibles. Pero en medio de las listas de dones, e igualmente identificados como *charisma, pneumatikos, doma,* o *dOrea*, hay otros importantes dones espirituales para hacer la obra del Señor. Éstos son: servicio (Romanos 12:7), enseñanza (Romanos 12:7), exhortación (Romanos 12:8), socorrer a los necesitados (Romanos 12:8), presidir (Romanos 12:8), mostrar compasión (Romanos 12:8), ayudar (1 Corintios 12:28), y administrar (1 Corintios 12:28).

Aunque estos dones no se reconozcan tan fácilmente como sobrenaturales, sí tienen su origen y fortaleza en la obra del Espíritu Santo, quien soberanamente equipa a los creyentes para que con regularidad, con poder, y a conciencia sean instrumentos en el servicio a la iglesia.

Aunque los dones que se mencionan probablemente cubren la mayoría de las necesidades del ministerio de la iglesia, no hay razón de pensar que los escritores del Nuevo Testamento consideraran que las listas estaban completas. Por ejemplo, no se hace referencia a dones musicales, aunque el Nuevo Testamento menciona "cánticos espirituales [*pneumatikon*]" (Efesios 5:19).

El Antiguo Testamento atribuye al Espíritu Santo dones de artesanía (Éxodo 31:2,3). Es razonable pensar que el Espíritu otorga otros dones a la iglesia para satisfacer necesidades específicas. Pablo, en realidad, hace un gran esfuerzo para enfatizar la variedad: "Hay diversidad de dones [*charisma*]... hay diversidad de ministerios [*diakonia*]... hay diversidad de operaciones [*energOma*]" (1 Corintios 12:4-6).

En cada caso estos dones se otorgan en el contexto de la iglesia y su fin es el ministerio al cuerpo de Cristo y a través de él en cumplimiento de la Gran Comisión. Antes de señalar los "diversos dones" de Romanos 12:6, Pablo enfatiza la interdependencia de la iglesia: "Así nosotros, siendo muchos, somos un cuerpo en Cristo, y todos miembros los unos de los otros" (Romanos 12:5).

Los dones que se mencionan en 1 Corintios 12:28-30 tienen como prefacio una afirmación parecida: "Vosotros, pues, sois el cuerpo de Cristo, y miembros cada uno en particular" (1 Corintios 12:27). El fundamento de los dones de Efesios 4:11 es: "a fin de perfeccionar a los santos para la obra del ministerio [*diakonia*], para la edificación del cuerpo de Cristo" (Efesios 4:12).

El propósito de los dones espirituales se expresa más claramente en 1 Corintios 12:7: "Pero a cada uno le es dada la manifestación del Espíritu *para provecho.*" Los dones espirituales tienen como fin edificar a toda la congregación. Su sola justificación es que cumplan los propósitos de Cristo en su iglesia, una lección que no comprendieron los inmaduros corintios, que menospreciaron los dones con su exhibicionismo de orgullo.

Debe enfatizarse también que así como el Espíritu es derramado sobre todos los que creen en el Señor Jesucristo, sin acepción de raza, edad, o género, también los dones espirituales, las esenciales herramientas del ministerio, son concedidos a todos. No se debe ignorar lo que esto implica, especialmente para el ministerio de las damas.

El ministerio es de toda la Iglesia

Nuestro estudio del ministerio y los dones espirituales indica claramente que el ministerio es responsabilidad de todo el cuerpo de Cristo, no sólo de una casta especial de sacerdotes o clérigos. Aun los ministerios de apóstol, profeta, evangelista, y pastor-maestro no se dan como fin en sí o como recompensas para una élite especial. Han sido dados expresamente "a fin de perfeccionar a los santos para la obra del ministerio [*diakonía*], para la edificación del cuerpo de Cristo" (Efesios 4:12).

Cada miembro del cuerpo de Cristo participa en el ministerio de la iglesia; todos han sido llamados a ministrar de alguna manera. El ser bautizado en Cristo es ser bautizado en el ministerio de su iglesia. Ningún grupo de líderes puede por sí mismo abarcar toda la diversidad de dones espirituales y proveer toda la sabiduría y la fuerza necesaria para hacer la obra de la iglesia. El ministerio de toda la congregación es integral para el cumplimiento de la misión de la iglesia.

Los dones espirituales para el ministerio se dan también sin consideración de raza o género. Dondequiera que haya una iglesia, el Espíritu Santo derrama sus dones "repartiendo a cada uno en particular como él quiere" (1 Corintios 12:11). Los dones espirituales son otorgados tan ampliamente como la bendición de la salvación, porque "ya no hay judío ni griego; no hay esclavo ni libre; no hay varón ni mujer; porque todos vosotros sois uno en Cristo Jesús" (Gálatas 3:28). Por consiguiente, no hay fundamento bíblico para excluir a ningún creyente de los dones del Espíritu Santo.

En los postreros días, dice Dios, derramaré de mi Espíritu sobre toda carne, y vuestros hijos y vuestras hijas profetizarán... Y de cierto sobre mis siervos y sobre mis siervas en aquellos días derramaré de mi Espíritu, y profetizarán. Hechos 2:17,18 (de Joel 2:28,29)

Las enseñanzas y los ejemplos históricos del Nuevo Testamento muestran que hombres y mujeres de diversas etnias recibieron dones espirituales para el ministerio de la iglesia.

La ordenación como reconocimiento del liderazgo espiritual

Una poderosa doctrina bíblica del ministerio laico podría a primera vista reducir la necesidad y restar importancia a un clero ordenado, aquellos que han sido apartados exclusivamente para dirigir la iglesia. Al contrario, en realidad realza la necesidad, porque los laicos necesitan ser formados, capacitados, y guiados espiritualmente a gran escala si es que han de cumplir la misión de la iglesia. Las Escrituras enfatizan que los líderes del ministerio son dones [*doma*] de Cristo con el explícito propósito de preparar al pueblo de Dios para sus ministerios a fin de edificar la iglesia (Efesios 4:7-12).

En el Nuevo Testamento la elección y preparación de líderes espirituales es un asunto crucial. Con el nombramiento y la preparación de los primeros apóstoles Jesús proveyó siervos-líderes que ejercitaron una vital función de liderazgo en la iglesia primitiva. Los Doce fueron auxiliados por hombres como Esteban (Hechos 6), Felipe (Hechos 8), y Bernabé (Hechos 13), a quienes el Espíritu designó para el liderazgo a fin de llevar adelante la misión de la iglesia. Estos y otros se hallan entre un amplio grupo de líderes del Nuevo Testamento.

En cada nueva iglesia Pablo y Bernabé designaron ancianos para el liderazgo (Hechos 14:23). Para ese nombramiento, Lucas usó un verbo [*cheirotoneD*] que significa "escoger, nombrar, o elegir con indicación de mano levantada". Por consiguiente, las congregaciones muy bien pueden haber participado en la elección, como hicieron al escoger a "los siete" en la iglesia de Jerusalén (Hechos 6:1-6). Estos nombramientos se hicieron en un contexto de oración, ayuno y, aparentemente, algún tipo de servicio público de "ordenación".

La iniciativa divina en el nombramiento de líderes espirituales es fundamental en la teología del Nuevo Testamento. Como instrucción a las iglesias que había fundado, Pablo escribió: "Y a unos puso Dios en la iglesia, primeramente apóstoles, luego profetas, lo tercero maestros, luego los que hacen milagros, después los que sanan, los que ayudan, los que administran, los que tienen don de lenguas" (1 Corintios 12:28).

Primeramente, se debe notar que estos "oficios" (o "ministerios") son de origen divino. En segundo lugar, siguen un orden específico: primeramente apóstoles, luego profetas, lo tercero maestros, después personas dotadas por el Espíritu con una gran variedad de dones espirituales, tanto de hacer milagros (p. ej., "sanidades" y "lenguas") como funcionales (p. ej., "administración") En tercer lugar, todos estos ministerios son de naturaleza carismática, porque son otorgados y vigorizados como dones específicos de Dios por su Espíritu. En cuarto lugar, los ministerios de los "líderes" y de sus "seguidores" —los pastores y los miembros de la iglesia— fluyen del *charismata*, los dones espirituales.

Pablo escribió de manera similar en su carta a la iglesia en Éfeso. "Y él mismo constituyó a unos, apóstoles; a otros, profetas; a otros, evangelistas; a otros, pastores y maestros" (Efesios 4:11). Estos ministerios no son otorgados por iniciativa humana sino por la gracia [*charis* (4:7)] del resucitado Señor Jesucristo, que "dio dones [*doma*] a los hombres" (4:8). Además, los dones de Cristo de líderes para el ministerio son otorgados...

> *...a fin de perfeccionar a los santos para la obra del ministerio* [diakonia], *para la edificación del cuerpo de Cristo, hasta que todos lleguemos a la unidad de la fe y del conocimiento del Hijo de Dios, a un varón perfecto, a la medida de la estatura de la plenitud de Cristo. Efesios 4:12,13*

La ordenación de líderes para el ministerio

En las Escrituras la elección de líderes espirituales generalmente se hace de manera pública, que signifique el origen espiritual del llamado. En el Antiguo Testamento, la unción con aceite, que otorgaba el poder del Espíritu, acompañaba a la elección de Dios. Jesús decididamente apartó doce discípulos y los nombró apóstoles (Marcos 3:13-19). El sucesor de Judas fue escogido en público y con el respaldo de la oración (Hechos 1:15-22).

Cuando se escogió a los siete diáconos, los apóstoles oraron y "les impusieron las manos" (Hechos 6:6). Igualmente, el Espíritu anunció que había escogido a Pablo y a Bernabé para la obra misionera, una elección seguida por ayuno, oración, e imposición de manos (Hechos 13:2,3).

La carta de Pablo a Timoteo, quien representa una más joven generación de ministros, implica un tipo de ordenación formal. En algún momento no identificado, Pablo y un cuerpo de ancianos impusieron las manos sobre Timoteo y así lo apartaron para el ministerio. También es notable la obra del Espíritu en la ordenación de Timoteo:

> *No descuides el don que hay en ti, que te fue dado mediante profecía* [prophDteia] *con la imposición de las manos del presbiterio. 1 Timoteo 4:14*

Además, Pablo continuó como mentor de su joven colega: "Te aconsejo que avives el fuego del don [*charisma*] de Dios que está en ti por la imposición de mis manos" (2 Timoteo 1:6).

La práctica de escoger y "ordenar" ancianos cualificados, crucial para el progreso de las iglesias misioneras, llegó a ser un paso estratégico para el equipo ministerial de Pablo. Siguiendo el modelo de su primer viaje misionero (Hechos 14:23), Pablo ordenó a Tito, encargado de corregir las deficiencias da las iglesias en Creta, a que estableciese "ancianos en cada ciudad" (Tito 1:5). Timoteo, asimismo, tenía como parte de su ministerio la similar responsabilidad del nombramiento y la supervisión de ancianos (1 Timoteo 5:17-22).

Requisitos esenciales para el liderazgo ministerial

La elección de líderes para el ministerio no se tomaba a la ligera. Era un asunto de minuciosa deliberación y de oración.

Las epístolas pastorales registran requisitos específicos, y más bien básicos, para los ancianos. Esos requisitos tienen que ver con madurez espiritual y una vida consagrada al Señor, credibilidad pública, fidelidad en el matrimonio, una familia respetable y bien dirigida, sobriedad y disciplina personal, hospitalidad, aptitud para enseñar (1 Timoteo 3:1-7; Tito 1:6-9). Los ancianos y los obispos (aquí términos esencialmente sinónimos) tenían que ser líderes piadosos, ejemplo a los demás. En el contexto contemporáneo, sobresalen dos aspectos de estos requisitos.

Primero, los ministros cristianos deben ser respetados por su comunidad: "También es necesario que tenga buen testimonio [*marturia kalD*] de los de afuera, para que no caiga en descrédito y en lazo del diablo" (1 Timoteo 3:7). Siguiendo el mismo pensamiento, "es necesario que el obispo sea irreprensible [*anepilDmptos*]" (1 Timoteo 3:2), y que un anciano sea "irreprensible [*anenklDtos*]" (Tito 1:6).

Por deducción, los creyentes que antes de convertirse tenían mala reputación tienen que dar buen ejemplo y establecer credibilidad en la comunidad, como cristianos maduros y respetables debido a su nuevo carácter y servicio. Con frecuencia en el Nuevo Testamento se refuerza la preocupación por los de afuera (Colosenses 4:5; 1 Tesalonicenses 4:12; 1 Pedro 2:12,15).

Segundo, los ministros cristianos no deben ser líderes inmaduros, sin experiencia. Como dice Pablo: "No un neófito [*neophytos*], no sea que envaneciéndose caiga en la condenación del diablo" (1 Timoteo 3:6).

En refuerzo de su preocupación por la madurez, Pablo dio a Timoteo cuatro directivas respecto de los ancianos (1 Timoteo 5:17-22), siendo la última: "No impongas con ligereza las manos a ninguno, [i.e., al otorgar credenciales]..." (5:22).

Escoger a alguien con apuro y equivocadamente, que más tarde resultara ser infiel, se podría considerar como "particip[ar] en pecados ajenos" (5:22).

Títulos de los líderes espirituales

En el Nuevo Testamento se usan varias designaciones clave para los líderes de la iglesia. Debe observarse que estos títulos parecen ser de naturaleza funcional y carismática. No hay indicio de rígida jerarquía ni oficio autoritario que se confieran en algún tipo de sucesión apostólica.

Apóstol. La importancia fundamental del apóstol [*apostolos*] se refleja en Efesios 2:20, donde se afirma que la iglesia está "edificad[a] sobre el fundamento de los apóstoles y profetas, siendo la principal piedra del ángulo Jesucristo mismo". El Nuevo Testamento no responde directamente a la pregunta de si el oficio apostólico está vigente hoy. Tampoco hay instrucciones específicas para la elección de apóstoles y sus requisitos, como hay para los otros oficios de obispos/ancianos y diáconos.

Al discutirse una función contemporánea de apóstol se debe observar que los únicos requisitos bíblicos que se mencionan el Nuevo Testamento son: (1) adiestramiento personal con Jesús durante todo su ministerio terrenal (Hechos 1:22), y/o (2) aparición personal del Cristo resucitado y un llamado de Él, como en los casos de Pablo y de Jacobo, hermano del Señor (1 Corintios 15:3-7, cfr. 1 Corintios 9:1). Además, Pablo señala específicamente, en su lucha contra falsos apóstoles, que "las señales de apóstol han sido hechas entre vosotros en toda paciencia, por señales, prodigios y milagros" (2 Corintios 12:12).

Los apóstoles debían ser testigos personales de la vida y las enseñanzas del Jesús histórico y especialmente de su muerte y resurrección (Lucas 24:48; Hechos 2:32). Para cumplir esta importante función, se les dio una promesa especial: "Mas el Consolador, el Espíritu Santo... os enseñará todas las cosas, y os recordará todo lo que yo os he dicho" (Juan 14:26).

Por consiguiente, los apóstoles llegaron a ser maestros autorizados de la iglesia primitiva, que expresaban y salvaguardaban la revelación divina que luego fue escrita en el canon del Nuevo Testamento. Si se han de nombrar apóstoles en la iglesia de hoy, la continuidad de ellos con los primeros apóstoles yace en su don especial de liderazgo en evangelismo y en discipulado del pueblo de Dios. A diferencia de sus ancestros bíblicos, nunca han visto al Cristo resucitado ni han escrito parte de las Escrituras.

Profeta. El profeta [*prophDtD*]s también tenía una función importante y fundamental en la iglesia primitiva (Efesios 2:20). Algunos de los apóstoles, aunque no todos, se nombran entre los profetas (cf. Saulo en Hechos 13:1). Así también Judas y Silas, que "consolaron y confirmaron a los hermanos con abundancia de palabras" (Hechos 15:32), lo cual indica un ministerio positivo, edificante, y alentador.

El escritor del Apocalipsis, tradicionalmente señalado como el apóstol Juan, se identificó (sólo) como profeta (Apocalipsis 1:3; 22:9, etc.). Bernabé, Simeón, y Manaén también se hallaban entre los profetas (Hechos 13:1). El don de profecía (1 Corintios 12:10), sin embargo, estaba ampliamente difundido en la iglesia primitiva, En Hechos, Agabo (11:28,29; 21:10,11) es un notable profeta, como también las cuatro hijas doncellas de Felipe (Hechos 21:8,9). Como un don del Espíritu [*charisma*], la profecía era una experiencia común de los laicos (1 Corintios 14:1,5,39), y debe continuar, con las debidas pautas bíblicas (1 Corintios 14:29-33).

Evangelista. El ministerio del evangelista [*euangelistDs*, Efesios 4:11], como se menciona en el Nuevo Testamento, no está bien definido. A Felipe se lo conocía como "el evangelista" (Hechos 21:8) y Pablo instruyó a Timoteo, un anciano y pastor, a hacer la *obra* de evangelista (2 Timoteo 4:5) como uno de sus deberes del ministerio. El término mismo implica la proclamación del *euangelion*, las buenas nuevas de la obra salvadora de Dios en Cristo. El evangelista del Nuevo Testamento probablemente se asemejaba más a un misionero que predica regularmente entre gente que no conoce a Dios que a un ministro itinerante que predica regularmente a los fieles.

Maestro. El ministerio del maestro [*didaskalos*] se menciona en tercer lugar en 1 Corintios 12:28, antecedido sólo por apóstoles y profetas, quienes también eran maestros (Hechos 2:42). La enseñanza es un don espiritual (carisma, Romanos 12:7) otorgado a ministros y laicos, siendo el Espíritu Santo mismo el maestro divino que unge al pueblo de Dios para que perciba la verdad (1 Juan 2:20,27). De modo que los maestros eran aquellos equipados de manera especial con conocimiento y carisma espiritual para instruir a la congregación en doctrina, ética, y experiencia cristiana.

Los ancianos, cuya labor era la enseñanza y también la predicación, eran considerados en muy alta estima (1 Timoteo 5:17). En Efesios 4:11, se vincula a pastores y maestros, y muchos eruditos se refieren a ellos como "pastor-maestro". No eran sólo proveedores de conceptos; más bien los maestros del Nuevo Testamento enseñaban cómo alcanzar formación espiritual.

Pastores, obispos, y ancianos. El término pastor viene del griego *poimDn*, que significa apacentar. La función de apacentar [verbo, *poimainD*] se atribuye muchas veces a ministros cristianos (Hechos 20:28; 1 Pedro 5:2), que siguen el modelo de Cristo mismo (Juan 10:14; Hebreos 13:20; 1 Pedro 5:4).

Dos términos casi intercambiables que se usan para las funciones de liderazgo pastoral en la iglesia primitiva son *obispos [epískopos]* y *ancianos [presbíteros]*. Observe que Pablo dijo a los "ancianos" de Éfeso (Hechos 20:17ss.) que el Espíritu Santo los había puesto por "obispos" [*epískopos*] para que "apacentaran" [*poimaínD*] la iglesia de Dios. Estos dos términos aparecen como sinónimos también en Tito 1:5-7 donde Pablo se refiere al nombramiento de "ancianos" y da los requisitos para ser "obispo".

Ancianos, obispos, y pastores, entonces, parecen ser esencialmente términos equivalentes, porque cada término implica un aspecto único de la función del líder. En cada caso, sin embargo, los términos se aplican a quienes han sido apartados como líderes de la iglesia, y no a los laicos.

Como derivado, obispo [*epískopos*] enfatiza la función de liderazgo o supervisión. Comúnmente el verbo se traduce con términos como "velar", "cuidar de", "supervisar". Anciano [*presbyteros*] denota mayor edad, por tanto mayor sabiduría y mayor experiencia, y era un título común para líderes judíos tanto civiles como religiosos. Los ministerios comprendidos por estos términos pueden muy bien incluir los dones espirituales de "presidir" [*proïstDmi*] (Romanos 12:8) y "administrar" [*kybernDsis*] (1 Corintios 12:28).

Diáconos. La palabra *diácono* [*diakonos*] se usa ampliamente en el Nuevo Testamento para describir el ministerio de líderes y laicos. Por consiguiente, la función especial del diácono como se implica en los requisitos de 1 Timoteo 3:8-10 es un tanto difícil de identificar. Para este ministerio a menudo se usa como ejemplo Hechos 6:1-6, aunque a los siete nunca se los llamó diáconos y por lo menos dos de ellos pronto asumieron funciones mayores en enseñanza y predicación.

Sin embargo, su deber era "servir [*diakoneD*, el verbo de *diakonos*] a las mesas", un trabajo de administración práctica en dispensar las dádivas de caridad de la iglesia. *Diakonos* se usa también para Febe, conocida por su servicio en la iglesia de Cencrea (Romanos 16:1). Nuestra aplicación moderna del término, que corresponde a laicos que sirven con los pastores en iglesias locales, quizá no esté muy alejada de su uso en el Nuevo Testamento.

En la aplicación de funciones de liderazgo bíblico a la era moderna, concluimos que los pastores cumplen las funciones de ancianos y obispos en las congregaciones locales. La enseñanza y la predicación de la Palabra es el corazón de su ministerio que consiste en edificar el cuerpo de Cristo y cumplir la Gran Comisión.

En vista de la amplia supervisión que ejercieron los primeros apóstoles y sus asociados, parece justificable extender las funciones ministeriales de los ancianos [*presbyteros*] y los obispos [*epískopos*] al ámbito moderno de los Distritos y del Concilio General. Pero tenemos que reconocer que en la providencia de Dios hay muchas preguntas que no se han respondido acerca del gobierno de la iglesia primitiva, y no es prudente suponer que cualquier sistema moderno de gobierno eclesiástico corresponde fielmente al de aquella iglesia. Si fuera necesario un solo sistema, seguramente la revelación divina hubiera sido más extensa, y tendríamos muy poca dificultad en comprender los detalles del gobierno de la iglesia conforme al Nuevo Testamento.

Conclusión

No se puede reducir el ministerio conforme al Nuevo Testamento a una definición técnica. Tampoco está reservado solamente para el clero ordenado. Como ya hemos afirmado, la iglesia se dedica al ministerio cuando obra en obediencia a Cristo; y cada miembro de la iglesia ha sido dotado por el Espíritu Santo para ministrar de una manera u otra.

Al mismo tiempo, algunas de las personas que ministran al pueblo de Dios han sido dotadas por el Espíritu para ser ministros a ministros, por decirlo así. Primeramente, son llamados por nuestro Señor y luego dotados por su Espíritu. Sólo entonces son reconocidos y apartados, u ordenados, por la iglesia. Estos hombres y mujeres son siervos-líderes cuya función es alimentar y equipar a la iglesia para su misión de evangelismo, adoración, edificación, y compasión.

Normas doctrinales: El ministerio pentecostal y la ordenación

Aprobado por el Presbiterio General

Agosto 1 y 3, 2009

www.ingramcontent.com/pod-product-compliance
Lightning Source LLC
LaVergne TN
LVHW091200080426
835509LV00006B/759